Avec un grand A

Janette Bertrand

Avec un grand A

ÉDITION DU CLUB QUÉBEC LOISIRS INC.
© Avec l'autorisation des Éditions Libre Expression

ISBN-2-89111-452-3

Préface

On écoute Janette Bertrand. On regarde
Janette Bertrand. Pourquoi ne pas la lire ? Il me
paraissait incroyable que l'œuvre si considérable
et si significative de cet auteur ne nous soit pas
accessible autrement que par le truchement de
la télévision. Et encore… Comment faire pour
apprécier cette œuvre dans son ensemble ?
Guetter les reprises ? Les solliciter ? Aucune sta-
tion de télévision, même la plus compréhensive,
ne pouvait combler les désirs de la lectrice insa-
tisfaite que j'étais. Car, pour dire la vérité, c'est
autre chose que je cherchais.

Le succès de Janette Bertrand auprès des
téléspectateurs depuis déjà quatre décennies
tient, bien sûr, à sa connaissance du médium
qu'est la télévision. Il est redevable aussi au talent
des comédiens qui ont incarné les nombreux
personnages qu'elle a créés, ainsi qu'à celui de
tous les artisans qui ont contribué à la réalisa-
tion de ses textes pour le petit écran. Mais rien
de tout cela n'existerait sans Janette Bertrand
l'écrivain.

Au commencement, il n'y a que de simples
mots sur une page blanche. De ces mots nais-
sent des êtres vrais avec lesquels on rit, on pleure,

on vit. C'est l'art de l'écriture qui permet cette magie, et seuls les grands magiciens peuvent réussir ce tour périlleux. Quand vous lirez Janette Bertrand, vous verrez la vie naître de ses mots. Vous toucherez ses personnages, vous pénétrerez leur univers. C'est que, à l'instar des grands écrivains, Janette Bertrand est une vraie magicienne. Une magicienne des mots. Et c'est cette magie que je voulais trouver.

Je lui suis très reconnaissante d'avoir accepté de nous donner ses textes à lire, sans autre artifice. Elle n'a pas voulu, et avec raison, les dénaturer et les transformer en pseudo-romans, ce qu'ils n'ont jamais été. Elle leur a conservé toute leur authenticité. Les dialogues s'enchaînent avec bonheur au fil de ces histoires qui se lisent pourtant avec autant de facilité que des romans, aidées en cela par les brèves notes narratives que l'auteur a écrites pour remplacer avantageusement les indications scéniques.

J'espère que ce livre n'est que le début d'une aventure. Car ce serait certes un grand plaisir de pouvoir lire TOUT Janette Bertrand. On pourrait alors goûter à loisir cette œuvre si précieuse dont on a souvent dit qu'elle en était une d'éducation populaire. En la lisant, je crois que l'on en percevrait le caractère universel, puisqu'elle donne à comprendre et à aimer les multiples facettes de l'être humain, ce qui le blesse et ce qui le réconforte, ce qui le grandit et le motive.

Carole Levert,
éditrice.

Avant-propos

Les nombreuses lettres que je reçois et auxquelles je réponds rarement, faute de temps, me demandent très souvent les textes de mes dramatiques *Avec un grand A*. J'ai toujours refusé, me disant que des textes écrits pour être joués ne pouvaient être vraiment intéressants à lire. J'avais tort. Je me suis surprise moi-même à lire les pièces de théâtre de Michel Tremblay et à les apprécier d'autant plus que je pouvais jouer tous les rôles dans ma tête, imaginer les décors — vivre le texte, quoi ! —, et que je pouvais les relire à volonté.

J'espère que vous deviendrez non seulement des lecteurs mais des acteurs d'*Avec un grand A*, et des téléspectateurs aussi, bien sûr, car si, comme on l'espère, les trente textes d'*Avec un grand A* sont publiés, vous pourrez toujours en voir de nouveaux à compter de chaque mois de février à Radio-Québec.

En attendant de retrouver les dramatiques d'*Avec un grand A* à la télévision, il faut les lire !

Janette Bertrand.

L'Amour
et la rechute

Gilles Dubé, chercheur, 35 ans.

Monique Raynault, dentiste, 41 ans.

Francis-Hoo, fils de Gilles, 6 ans.

*D*ans son trois-pièces et demie de Ville LaSalle, Gilles
se sert une bière, puis va s'asseoir au salon. Il enlève
ses souliers, pose ses pieds sur la table à café, sourit,
puis, en veine de confidence, s'adresse aux téléspec-
tateurs.

Gilles
— C'est fait ! Après deux ans de bataille avec
mon ex-femme, j'ai la garde de mon fils. Le
juge me l'a donnée ce matin, en pleine cour.
J'ai braillé comme un veau... de joie ! Mon ex
pleurait aussi. Ça se comprend : elle perd une
pension. J'suis pas juste ; elle avait de la vraie
peine ! Mais sait-on jamais, avec les femmes ?
Quand j'me suis marié, il y a onze ans, je pensais bien que ma femme m'aimait, puis, vous
voyez, ça fait deux ans, là, qu'on est divorcés.
Pourquoi on a divorcé ? Ça... ! La raison sur le
dessus, c'est qu'elle est tombée en amour avec
un autre homme, mais... la vraie raison, celle en
dessous, c'est que... Moi, voyez-vous, je m'étais
marié pour fonder une famille. Mon ex, elle,
elle était étudiante en psychologie ; c'était parfait pour éduquer mes enfants. Eh bien, on n'a
pas eu d'enfants ; c'est-à-dire qu'on en a adopté
deux, et puis là, elle est restée à la maison quatre
ans, et puis... là, elle s'est mis dans la tête de
retourner aux études et puis elle est devenue
psychologue. Elle a même ouvert un bureau de

consultation matrimoniale. C'est là que ça n'a plus marché. C'était les couples ou son couple ; elle a choisi... les couples ! Elle voulait tout, ma femme. Les femmes veulent tout ! Écoutez, j'vous parlerai pas de mon ex, j'en aurais pour quinze jours, et puis, de toute façon, c'est fini entre elle et moi. Les derniers papiers sont signés, on se verra plus... excepté les fins de semaine, quand elle va venir chercher le petit. Évidemment que je vais prendre la petite. Aïe, mes fins de semaine, moi là ! Comme c'est là, j'en aurai pas, de fins de semaine à moi, et puis dans le fond, pourquoi j'aurais des fins de semaine à moi... ? Pour rencontrer l'amour ? C'est fini, ce temps-là ! L'amour, c'est bon quand on a 16 ans, et pis encore... L'amour, est-ce que ça existe ? Mon ex, je suis même pas sûr de l'avoir aimée. Quand je l'ai mariée, j'avais envie surtout de partir de la maison, de me caser, d'être chef de famille, et puis bien sûr, de coucher avec elle. C'est ça, l'amour ? Et puis je suis bien trop occupé à haïr mon ex pour aimer quelqu'un ! L'amour, si ça existe, c'est fini. Le mâle, quand il a échappé à sa mante, il a peur de l'eau froide... C'est pas comme ça que ça marche, mais je me comprends... L'amour, moi, je fais une croix dessus. L'Amour avec un grand A, parce que l'amour paternel, ça, ça existe ! Mon fils, il vient juste de s'endormir. Il avait mal aux dents, il pleurait, mais je pense que c'était un prétexte pour se faire bercer, ça fait que je l'ai bercé, et j'y ai chanté des chansons. Il a mal aux dents ! C'est pas psychologique ! Excusez-moi, j'entends ma femme, je l'entends dans ma tête : « C'est psychologique. Il s'ennuie de moi, cet enfant-là. » Le mal de dents, c'est dans les dents, et puis je vais l'emmener chez le dentiste demain, O.K. ?

Dans son cabinet de dentiste à Ville LaSalle, Monique se rince la bouche entre deux patients, profession oblige, et elle aussi, en veine de confidence, s'adresse aux téléspectateurs.

Monique
— Je suis dentiste, mais c'est pas dentiste que je devrais être, c'est chirurgien... du cerveau. Je pourrais peut-être enlever quelques préjugés de la tête de mon ex-mari. Il les a tous : les Noirs en Afrique, les femmes à la maison, vous voyez le genre. Il est médecin, et je suis dentiste. J'aurais pas pu, moi, être médecin, parce qu'un docteur dans la famille c'était assez, et c'était lui. Tout à coup j'aurais été meilleure que lui ? Dentiste, j'étais à ma place, en dessous de lui. Le plus comique, c'est que je fais plus d'argent que lui, pis ça, faire plus d'argent qu'un médecin, faut le faire ! Ça, il me le pardonne pas. Il aurait aimé mieux être cocu, je pense, que moins riche, moins renommé, parce que Monique Raynault, c'est connu, maintenant. C'est mon nom de fille, ça ; je l'ai repris avec ma liberté, il y a deux ans. Je suis partie la tête haute, sans rien demander et sans rien apporter. Je lui ai laissé la maison, l'auto, la vaisselle, la verrerie, l'argenterie, les tableaux, le chien, le chat, même les quatre enfants !

Il a tout gardé, excepté les enfants, qui me sont revenus un par un. Le dernier, le plus vieux, le plus contre le divorce des parents, contre la libération des mères de famille, il s'est ramené hier soir. Il paraît que c'est plus vivable chez son père. Il a dû encore se chamailler avec la fille qui vit avec mon ex-mari, ils sont quasiment du même âge. Normalement, j'aurais été contente de le prendre avec moi, mais il tombe mal. Je suis en pleine campagne électorale, je me présente comme commissaire à ma commission scolaire, et puis j'ai une conférence à préparer pour le congrès des dentistes à Québec le mois prochain. Et puis c'est à mon tour de recevoir au restaurant mon club des Joyeuses Divorcées. On se rencontre une fois par mois, pour déblatérer contre nos ex... Les psychologues appellent ça de la thérapie de groupe. Et puis pour faire de la prévention, aussi. Quoi? L'amour, c'est une maladie... une maladie mentale! Le divorce, c'est peut-être un bon remède, mais y a rien comme la prévention, parce que les divorcées, on est exposées, hein? Moi, il y a plus de danger. Je les vois venir, les gars. Sous prétexte que t'as pas d'homme dans ta vie, tu dois avoir faim... Il s'amènent comme des chocolats ambulants... Merci... Le chocolat, c'est fini pour moi, je digère plus ça. Ah! je dis pas, quand t'en as à la maison, c'est difficile de s'en passer, mais quand t'en tiens pas, tu t'en passes très bien, pis tu te sens tellement mieux; t'en arrives à oublier le goût. Ça fait bien une bonne année que j'ai pas mangé de chocolat... puis je veux pas en manger. Quand on commence ça... faut voir le fond d'la boîte! Je veux pas commencer ça!

L'assistante
— Docteur?

Monique
— Excusez-moi, mon assistante m'appelle.

Monique va à son interphone.
— Oui?

L'assistante
— Docteur, votre patient est arrivé.

Monique
— J'arrive tout de suite.

Monique ouvre la porte de sa garde-robe, endosse son sarreau, et sort vers la salle d'attente. Elle sourit à Gilles.

Gilles
— C'est pour lui !

Il montre son fils de 6 ans.

Monique, un peu déçue.
— Ah ! Ah bon !

Gilles
— Je suis le père. C'est mon fils.

Monique
— Ah bon !

Gilles
— Il est d'origine étrangère, mais c'est mon fils
pareil.

Monique
— Je comprends. *À Francis-Hoo :* Allô ! Veux-tu
suivre mon assistante ? J'arrive tout de suite.

L'assistante
— Viens.

Elle l'amène dans le cabinet.

Gilles
— Il est adopté, il est coréen.

Monique
— J'avais compris. C'est sa première visite chez
le dentiste ?

Gilles
— Non, non, sa mère... Je viens juste d'en avoir
la garde... Sa mère l'amenait chez notre dentiste à elle et à moi, mais comme maintenant
c'est juste son dentiste à elle, bien, vous com-
prenez...

Monique
— Oui, oui.

Gilles
— Bon, ça me fait de la peine de devoir changer de dentiste, il faut ce qu'il faut, ça fait que j'ai regardé dans le Bottin vert, et j'ai vu votre annonce, je me suis dit : « Une femme pour un enfant... »

Monique
— ... Ça fait que...

Gilles
— Pardon, heu... oui, bien, ce que je veux dire... une femme, c'est mieux pour un enfant...

Monique
— Pour les dents de lait, une femme, c'est parfait ! Pour les vraies dents, les dents définitives, ça prend un homme...

Gilles
— C'est pas ça que j'ai dit, j'ai pensé simplement...

Monique
— ... qu'une femme c'était juste bon pour soigner les enfants.

Gilles
— Oui. Non... Ce que je veux dire, c'est qu'une femme c'est plus doux, c'est plus tendre...

Monique
— D'après vous, la tendresse, c'est réservé aux femmes ?

Monique, aux téléspectateurs.
— J'aurais pas dû être si agressive, mais cette phrase-là, « les femmes dentistes, c'est mieux pour les enfants parce que c'est plus tendre », ça ressemble tellement à mon ex-macho, je peux plus l'entendre sans grimper dans les rideaux.

L'assistante
— Francis-Hoo est prêt.

Gilles
— J'y vais avec vous.

Monique
— Je regrette, les parents ne sont pas admis.

Gilles
— Je regrette, mais je suis son père.

Monique
— Bien moi, je suis son dentiste.

Gilles
— Je veux voir ce que vous allez lui faire.

Monique
— Vous avez pas confiance en moi ?

Gilles
— C'est mon fils, c'est normal que...

Monique
— C'est mon patient.

Gilles
— Je suis à côté de lui ou bien je le ramène à la maison.

Monique, voyant bien qu'il ne cédera pas.
— Bon, mais je veux pas vous entendre... ni vous voir !

L'assistante, trop polie.
— Venez, Monsieur Dubé... Après vous, Monsieur Dubé...

Elle l'entraîne dans le cabinet.

Monique, aux téléspectateurs.
— «Après vous, Monsieur Dubé...» Elle est née à genoux, celle-là, en adoration perpétuelle devant le Saint-Prépuce !

Elle entre dans son cabinet.

Gilles entraîne Francis-Hoo hors du cabinet.
— Ça lui fait plus mal...

Francis-Hoo
— Ça me fait mal encore, papa !

Gilles
— Non, non, c'est passé.

Francis-Hoo
— Ça me fait mal beaucoup.

Monique
— Je vais regarder ça.

Elle le ramène à la chaise.

Gilles l'entraîne.
— Non, laissez faire, je me suis inquiété pour rien.

Monique le ramène.
— Ça va prendre deux minutes.

Gilles l'entraîne.
— Ça lui fait plus mal, je vous dis.

Monique le ramène.
— Il est rendu, autant en profiter.

Gilles l'entraîne.
— C'est psychologique...

Monique le ramène.
— On va voir ça...

Gilles
— Vous êtes psychologue ?

Monique
— Non, je suis dentiste, et pour le mal de dents c'est encore ce qu'il y a de mieux.

Elle l'assoit sur la chaise.

Gilles
— Francis-Hoo, descends de là !

Monique
— Il a rendez-vous, il est sur la chaise, il y reste. Tu restes, Francis-Hoo !

Gilles tente de le reprendre.
— C'est mon fils, je suis le père. Viens-t'en, Francis-Hoo !

Monique tente de le rasseoir.
— Écoutez ! Moi, j'ai pas de temps à perdre.

Gilles tente de le reprendre.
—Justement, on s'en va. Viens-t'en, Francis-Hoo.

Monique tente de le rasseoir.
— Reste, Francis-Hoo.

Gilles
— Viens-t'en.

Francis-Hoo se met à crier de peur et de rage... de dents.

Gilles, aux téléspectateurs.
— Pauvre Francis-Hoo ! Il se retrouvait entre nous deux comme entre sa mère et moi. Et je l'enlevais de force des griffes d'une femme encore !... J'aurais pas dû... Je sais pas ce qui m'a pris. J'ai eu comme un pressentiment. C'était comme si un malheur était pour m'arriver, et je me suis sauvé à toutes jambes. C'était la fuite ou la vie. Je connaissais ça, ce feeling-là, j'avais ressenti ça, la veille de mon mariage, et je m'étais marié pareil. Là, j'ai eu la force de me sauver. La force, c'est le mot juste, je me sauvais de quelque chose... De quoi ? En revenant à la maison, j'ai pris une résolution ! Les femmes, le moins possible... Entre hommes, c'est tellement plus simple ; c'est direct, c'est franc...! Avec les femmes, c'est toujours compliqué... En tout cas, docteur Virago, je veux plus la voir, même en peinture.

Monique, aux téléspectateurs.
— Moi, savez-vous quoi ? Je vais finir par faire comme Jocelyne. C'est une consœur dentiste. Elle, elle a une clientèle kascher... rien que des femmes, et puis elle dit qu'elle a pas de troubles. Elle a raison, il y a pas de problèmes entre femmes... Dès qu'il y a un homme, c'est ou l'amour ou la guerre... Or, comme avec moi ce sera jamais l'amour, ça peut être que la guerre. D'ailleurs, moi, j'en suis convaincue, les hommes et les femmes, on n'est pas faits pour vivre ensemble. Chacun de son bord, c'est parfait. Moi, depuis que je suis divorcée, que j'ai un lit simple, que j'ai plus d'homme dans ma vie, je suis assez bien ! Plus de comptes à rendre à personne, plus d'argent à demander, plus de menteries à faire, plus de jouage dans le dos, plus de trouble. En tout cas, celui-là, comment il s'appelle ? Vous voyez ? J'ai déjà oublié son nom. Eh bien, des patients comme lui, j'aime autant pas en avoir, ni comme patient, ni comme parent, surtout pas comme amant, Dieu du ciel !

Quelques jours plus tard, au Nautilus, Gilles fait des distances de piste en joggant. Monique monte sur la piste, court derrière lui, croit soudain le reconnaître, accélère le pas, le dépasse, le regarde, ralentit sa course.

Gilles arrive à sa hauteur, la regarde, court à son rythme.
— Je vous connais, vous, il me semble !
Monique
— Moi, je vous connais pas.

Elle court plus vite, le dépasse.

Gilles la rejoint.
— Vous ressemblez à un dentiste.

Monique le dépasse.
— C'est pas moi.

Gilles la rejoint.
— C'est vous. Vous me reconnaissez pas ?

Monique
— Non !

Gilles
— Je suis le père de Francis-Hoo, le Coréen.

Monique
— Vous m'en direz tant.

Elle le dépasse.

Gilles la rejoint.
— Êtes-vous abonnée ici, vous ?

Monique
— Depuis deux ans, oui.

Gilles
— Moi, je commence ce matin.

Monique
— Vous habitez le quartier ?

Gilles
— Oui. Le Bottin vert, hein ?

Il court.

Monique le rejoint.
— Les dents de Francis-Hoo, comment ça va ?

Gilles
— C'était psychologique !

Monique
— Eh bien, tant mieux !

Elle court. Gilles la suit de près. Monique, le croyant loin, se retourne brusquement. Gilles lui rentre dedans et ils tombent.

Monique
— Hé ! vous pouvez pas regarder où vous vous en allez ?

Gilles
— Puis vous, hein ? Puis vous, hein ?

Monique se prend le pied droit.
— J'ai le pied cassé. Vous m'avez cassé le pied, certain !

Gilles
— J'ai rien fait, moi. C'est pas moi, c'est vous. Moi, je m'en venais à droite, en me mêlant de mes affaires. Vous vous êtes arrêtée pour me regarder, je vous suis rentré dedans. C'est pas de ma faute, ça, moi. Les femmes, on voit bien que vous êtes pas meilleures coureuses que chauffeuses...

Monique
— Wo, les moteurs ! Ça fait deux ans que je cours et j'ai jamais eu d'accident. Vous arrivez, puis vous me rentrez dedans. En tout cas, si j'ai le pied cassé, vous avez besoin d'être assuré, ça va vous coûter cher. Un dentiste a besoin de ses pieds pour travailler... Je veux dire que je travaille debout sur mes pieds, et puis...

Gilles
— Qu'est-ce que vous dites ? Je paierais, moi, pour un accident que vous avez causé ? Un breuvage avec ça ? Et puis il est pas cassé, votre pied.

Il le lui prend, le tord dans tous les sens. Monique lui assène des coups de poing.

Gilles, aux téléspectateurs.
— Ils se sont mis à trois pour nous séparer. C'est rendu, les femmes, qu'elles sont assez musclées, il y a plus moyen d'avoir le dessus sur elles. Excepté dans le lit... Et puis là, encore, elle, la

dentiste, elle doit avoir le dessus partout, comme mon ex... Deux ans de Nautilus, ç'a-tu de l'allure? Puis il fallait qu'elle fréquente le même Nautilus que moi!

Ça devrait pas être mixte, ces clubs-là! Les femmes avec les femmes, les gars avec les gars, qu'on ait la paix. Je veux avoir la paix... la paix...

Monique, aux téléspectateurs.
— Qu'est-ce que je disais, que les hommes, c'est un paquet de troubles! Vous avez vu? Deux femmes se seraient cognées, on aurait ri... Là, ç'a a été la bataille tout de suite. L'agressivité qu'ont les hommes vis-à-vis des femmes, c'est pas croyable... Comment ça se fait que je l'ai toujours dans les jambes, celui-là? Où que j'aille, faut toujours qu'il m'en tombe un dans les jambes. Non, pas dans les jambes, parce qu'on sait où ça mène... T'ouvres les jambes, t'es obligée d'ouvrir les bras, pis un coup dans les bras, tu les as sur le dos. Non, merci pour moi. Ah oui, mon pied? Il était pas cassé, même pas foulé. Ça aurait pu, hein! J'aurais pas haï ça, qu'il paie. Il y a assez de mon ex qui se fait tirer l'oreille pour la pension des enfants. C'est moi qui les ai, les enfants, c'est pas lui; eh bien, il veut pas me payer de pension! Ça sera pour une autre fois... Il y aura pas d'autre fois... Qu'est-ce que je dis...? Je me suis organisée pour ne plus le voir. J'ai changé de Nautilus. Ma carte est bonne dans tous les autres centres. J'ai pas envie d'avoir un crime sur la conscience, pis je sais, si je le rencontre, je me connais, je vais le tuer.

Dans un autre Nautilus.

Gilles donne ses coordonnées à la préposée.
— Non, non, j'étais content de l'autre Nautilus,
c'est juste que... c'est que... Pour vous dire la
vérité, il y avait une fille qui courait après moi,
puis je veux pas. Au lieu de lui faire de la peine,
je change de Nautilus.

*Quelques minutes plus tard, Gilles et Monique sont
côte à côte sur les bicyclettes fixes, soudain ils
s'aperçoivent, s'arrêtent de pédaler et rient.*

Gilles
— Vous avez changé de Nautilus ?

Monique
— Vous avez changé de Nautilus ?

Gilles descend de la bicyclette fixe.
— Elle est bonne, celle-là !

Monique fait de même.
— Elle est forte !

Gilles
— Votre pied ?

Monique
— Quoi, mon pied ?

Gilles
— Il est pas cassé ?

Monique
— Non, il est pas cassé !

Gilles
— Je le savais bien. Les femmes sont assez plai-
gnardes...

Monique
— Écoutez, vous là ! C'est pas parce que j'ai ri
que j'ai faibli ! J'ai pas l'intention de vous parler
plus parce qu'on a eu la même idée de changer
de Nautilus.

Gilles
— Moi non plus, je veux pas vous parler.

Monique
— Alors, arrêtez de me suivre.

Gilles
— Moi? Moi, je vous suis? Ce serait plutôt vous qui me suivez.

Monique
— C'est vous qui m'avez suivi ici.

Gilles
— C'est plutôt vous, hein! qui m'avez suivi ici.

Monique
— Vous courez pas après moi, non...?

Gilles
— Moi? Je vous fuis comme la peste...

Monique
— Ça se peut pas, je vous retrouve partout.

Gilles
— C'est moi qui vous retrouve partout.

Monique
— Vous me suivez, avouez-le donc.

Gilles
— C'est vous qui me suivez, avouez-le donc.

Monique
— Arrêtez de répéter ce que je dis!

Gilles
— C'est vous qui répétez tout ce que je dis.

Monique le regarde et éclate de rire, et il rit aussi.
— Mes enfants, quand ils se chicanent, c'est exactement comme ça.

Gilles
— Vous avez des enfants, vous?

Monique
— Pourquoi j'aurais pas d'enfants, moi?

Gilles
— Vous avez pas l'air mère...

Monique
— Ça a l'air de quoi, une mère ? Des gros seins, un gros ventre, un chignon, pis une auréole au-dessus de la tête ?

Gilles
— Vous en avez combien ?

Monique
— J'en ai quatre.

Gilles
— Ah! moi j'en ai deux... J'en ai une grande de 9 ans, qui vit avec sa mère, puis il y a Francis-Hoo, qui vit avec moi.

Monique
— Qu'est-ce que vous faites dans la vie, vous ?

Gilles
— Moi, ben, je suis étudiant, ben, c'est-à-dire que j'écris une thèse... sur les maringouins...

Monique
— Pardon ?

Gilles
— Sur les maringouins... C'est passionnant...

Monique
— Je voulais dire : qu'est-ce que vous faites pour gagner votre vie ?

Gilles
— Ah! Ben là, en ce moment, ma femme me paie une pension... puis j'ai une bourse, puis je fais de la suppléance, puis... Vous, vous avez la garde de vos enfants, évidemment...

Monique
— Non, non, c'est-à-dire que mon mari avait la garde, mais c'est moi qui les ai finalement. Je suis contente, remarquez...

Gilles, aux téléspectateurs.
— On avait trouvé un terrain d'entente : nos enfants...! Eh bien, on a parlé de nos enfants longuement... et puis on est tombés sur « le » sujet de conversation des divorcés : les ex-conjoints... Elle avait besoin de vider son sac, pauvre elle...

Monique, aux téléspectateurs.
— Pauvre lui ! Il avait besoin de me parler de sa femme, de vider son sac, je comprends ça. Les divorcés, si on veut pas éclater, faut qu'on vide notre sac régulièrement.

Ce soir-là, dans la cuisine de Gilles.

Gilles
— Je m'excuse de vous avoir fait passer par en arrière, mais il fallait pas que ma mère vous voie. Elle vient garder à condition que je ramène pas de femme. Elle reste en bas, c'est bien commode.

Monique
— Vous auriez pu la rassurer : je ne suis pas une femme, je suis un copain.

Gilles
— Ah oui...! c'est vrai...

Monique
— Un copain d'infortune.

Gilles
— Oui, c'est vrai... Un copain femme, quoi...

Monique
— Je suis pas une femme, je vous dis...

Gilles
— Je dirais pas ça...

Monique
— On n'a pas de sexe, tous les deux ; on est des copains, c'est tout... O.K. ?

Gilles
— O.K. !

Monique
— On se tutoie ?

Gilles
— O.K. !

Monique
— Eh bien, Gilles, mon vieux, as-tu du café... ?

Gilles
— Ben non, j'en bois pas, depuis que... C'est parce que ma femme en prenait beaucoup, ça fait que j'ai développé comme une aversion...

Monique
— Tu m'as invitée à prendre un café...

Gilles
— Je pouvais pas t'inviter à prendre un verre, tu serais pas montée.

Monique
— Ah ça, c'est vrai ! Un verre, ce que ça signifie...

Gilles
— Je le sais assez... Je m'en fais offrir souvent...

Monique
— Toi ?

Gilles
— Les occasions manquent pas. Le jour, quand je fais le marché, à la buanderette, au dépanneur. Un homme à la maison, il a bien des occasions. Il a toutes les femmes à la maison... Je refuse... Je suis pas intéressé à retomber dans le guêpier...

Monique
— As-tu du thé ?

Gilles
— Non, du cacao ; ma femme haïssait ça...

Monique
— Merci... Ça ressemble trop au chocolat... pis le chocolat, je veux pas recommencer ça...

Gilles
— Ton mari aimait ça ?...

Monique
— Non... J'aimais trop ça...

Gilles ne comprend pas.
— J'ai... j'ai du scotch...

Monique
— Ouais, ben si c'est entre copains, c'est O.K....

Gilles, aux téléspectateurs.
— Je vous jure, j'avais aucune mauvaise intention, je vous le jure sur la tête de Francis-Hoo... J'étais innocent comme l'enfant qui vient de naître. Je croyais encore que l'amitié était possible entre homme et femme, entre divorcés des deux sexes.

Monique, aux téléspectateurs.
— J'étais sincère, ma grand-foi-du-bon-Dieu !... On était là entre copains. Je pensais qu'on pouvait être copains entre homme et femme... Ça m'est déjà arrivé... J'ai été copine avec plein d'hommes... Évidemment, ils étaient homosexuels... Mais ça peut arriver, enfin, même si c'est rare. C'est ce que je voulais... Rien de plus, je vous le jure !

Ce même soir, dans le salon, Gilles montre à Monique sa collection de « bibites épinglées ».

Gilles
— C'est tout ce que j'ai apporté quand je suis parti de la maison ; ça et ma brosse à dents et 42,85 $... Les coléoptères, ma femme m'a laissé partir avec parce qu'elle a jamais aimé ça, les bibites épinglées. Elle disait que ça lui faisait penser à elle... dans le mariage.

Monique
— Moi, je ne suis pas épinglable...

Gilles
— J'ai pas le goût de t'épingler.

Monique le regarde, le trouve beau.

Gilles
— Monique, regarde-moi pas comme ça.

Monique, aux téléspectateurs.
— Je regardais ses dents ! C'est vrai, je le jure !... C'est une déformation professionnelle. Ce que je regarde d'abord, moi, chez les humains, c'est les dents... et il a des dents très intéressantes... *Elle s'approche de lui, très près.*

Gilles
— Tu vas pas m'examiner les dents...

Monique
— Assis-toi, aie pas peur. C'est mon métier ; c'est ça qui m'intéresse. Toi, t'as les bibites... Moi, c'est les dents...

Gilles s'assoit.

Monique
— Ouvre grand !

Monique examine les dents de Gilles. Gilles en profite pour regarder sa blouse et ses seins sous sa blouse.

Gilles, aux téléspectateurs.
— J'espère que ça se voyait pas, que j'étais rouge comme une tomate. C'est que... elle avait pas de soutien-gorge... Juste deux œufs au miroir comme je les aime. C'est ça qui m'a troublé... Cette femme forte, dentiste, quatre enfants, qui avait sûrement dix ans de plus que moi, elle avait des seins de petite jeune fille... J'ai toujours aimé les petits seins. Ma femme, elle, elle avait des grosses boules. Je suis devenu tout drôle...

Monique, aux téléspectateurs.
— Il sentait le chocolat à plein nez... Je n'ai pas pu résister...

Elle l'embrasse passionnément et la chaise bascule et elle tombe sur lui ; ils restent ainsi l'un sur l'autre un moment.

Monique se dégage brusquement.
— Excuse-moi... Je ne sais pas ce qui m'a pris...

Gilles
— Tu parles d'un dentiste...

Monique
— C'est pas mon habitude... C'est même jamais arrivé... Le code de déontologie...

Gilles
— On est censés être copains...

Monique
— C'est une faiblesse que j'ai eue. Je recommencerai plus, je te le jure...

Gilles
— Écoute, tant qu'à me regarder les dents, t'aurais pu me dire si mon dentiste m'a fait une belle job, il vient de me poser un « bridge ».

Monique, sautant sur l'occasion.
— Ah oui ? Où ça ?

Gilles
— Regarde, là, là...

*Il ouvre la bouche, elle s'approche, ils se regardent et...
ils s'embrassent à pleine bouche.*

Gilles, pendant qu'il l'embrasse.
— C'est pas sérieux... hein ?

Monique
— Non, non. C'est juste pour le plaisir.

Gilles
— C'est bon pareil.

Monique
— Je me souvenais plus comme c'est bon. *Ils
s'embrassent de plus en plus passionnément.* Le petit ?

Gilles
— Quel petit ?

Monique
— Francis-Hoo.

Gilles
— Il dort.

Monique, soulagée.
— Ah !

Gilles la prévient.
— Juste s'embrasser.

Monique le rassure.
— Tu penses !

Gilles
— Je te désire.

Monique
— Non. *Elle le pousse vers le divan.* Je ne veux pas.

Gilles
— Ça me tente !

Monique
— Non, je ne veux vraiment pas.

Elle le pousse toujours vers le divan.

Gilles, qui se laisse faire.
— Non, non, faut pas.

Monique lui déboutonne sa chemise.
— Moi non plus, faut pas.

Elle le couche sur le divan.

Gilles se couche
— Non, non, non. *Elle se couche sur lui.* Le petit?

Monique
— Il dort.

Gilles
— Il va se réveiller.

Monique
— J'ai le goût du chocolat.

Gilles ne comprend pas.
— J'en ai pas.

Monique
— T'en as !

Elle le dévore. Gilles se laisser dévorer.

Monique
— T'as un lit?

Gilles
— Hein? Ça doit.

Monique
— Où ça?

Gilles
— Ici...

Monique
— T'as pas de chambre?

Gilles
— Ben, c'est Francis-Hoo qui l'a.

Monique
— Ah ben ça, si t'as pas de vraie chambre...

Elle se lève, se rajuste, reprend ses esprits.

Gilles, tout feu tout flammes.
— J'ai un vrai matelas, par exemple.

Monique
— Où ça ?

Gilles
— Dans ça ! Il lui montre le divan-lit.

Monique tente d'ouvrir le divan-lit, s'arrête.
— Si c'est en mousse, je peux pas, je suis allergique...

Gilles aussi tente d'ouvrir le divan-lit.
— C'est en ressorts.

Monique
— T'as des oreillers de plumes ?

Gilles
— Oui.

Monique
— Je suis allergique. Tu vois ? Je peux pas.

Gilles
— On n'a pas besoin d'oreillers.

Monique saute sur le prétexte.
— C'est vrai, ça ! On n'a pas besoin d'oreillers.

Gilles tente d'ouvrir le divan-lit de plus belle.
— C'est un vrai lit, je te dis. C'est confortable.

Monique
— Je le sais pas, là.

Gilles
— Je vais te le montrer, juste te le montrer. *Il a
enfin réussi à ouvrir le divan-lit.* Je couche là, moi.
C'est très confortable.

Monique, devant le divan-lit ouvert.
— Je le sais plus.

Gilles
— Essaie-le avant de dire non.

Gilles, aux téléspectateurs.
— J'avais pas aussitôt ouvert le lit que je le regrettais. T'ouvres ton lit, pis ton cœur, pis après t'es exposé à toutes les blessures. Je voulais pas souffrir ; je suis à peine cicatrisé.

Monique, aux téléspectateurs.
— J'ai dit non, mais je disais non avec ma bouche, et mes yeux lui tendaient les bras. Comprenez-vous ça ? Mais je suis une fille raisonnable, et quand je veux pas quelque chose...

Quelques minutes plus tard, on les retrouve dans le lit, ils se caressent.

Monique, sans conviction.
— Arrête, arrête. On est mieux pas. Restons copains.

Gilles, sans conviction.
— T'as raison, t'as raison, restons copains.

Ils recommencent à se caresser de plus belle.

Monique
— Arrête, je veux pas !

Gilles
— Moi non plus, je veux pas !

Ils se lèvent, et ensemble ils refont le lit et le retransforment en divan.

Monique, très digne.
— Tu vois ? On peut devenir plus que des copains.

Gilles
— Ah oui ?

Monique
— On peut devenir des amis.

Gilles
— Ah bon !

Monique
— L'amitié, c'est tellement mieux que l'amour. On ne tombe pas en amitié, sais-tu pourquoi ? Parce que tomber en amour, c'est être victime d'un accident dont on a à subir les conséquences toute la vie...

Gilles
— C'était pas de l'amour que je voulais, c'était coucher avec toi. L'amour, ça se trouve pas comme ça. On peut pas se commander un amour comme on se commande un steak : un amour saignant, un ! L'amour, c'est rare. Moi, j'ai jamais connu ça.

Monique
— Moi non plus.

Et pour cacher qu'elle est émue, elle cherche son soulier sous le divan.

Gilles
— Qu'est-ce que tu cherches ?

Monique
— Mon soulier.

Gilles
— Ah ! Attends, je vais regarder.

Il se penche. Ils sont à quatre pattes tous les deux, ils se regardent, fondent littéralement l'un sur l'autre et roulent sur le tapis. La porte de la chambre s'ouvre.

Francis-Hoo
— J'ai mal aux dents!

Monique et Gilles, qui s'embrassaient derrière le divan, se relèvent, surpris.

Gilles, aux téléspectateurs.
— Merci, Francis-Hoo, j'allais me faire dévorer tout rond. Tu le sais pas, toi, mais t'as sauvé la vie de ton père.

Monique, aux téléspectateurs.
— Francis-Hoo avait un abcès. Je le lui ai percé avec une lame de rasoir... stérilisée! Ah oui! c'est entre nous, ça, hein! Si l'Ordre des dentistes savait ça...! Et puis j'ai recommandé à Gilles de voir un dentiste, un vrai, un homme... Le père de Francis-Hoo, moi, je veux plus le voir jamais. L'amitié entre homme et femme, moi j'y crois pas, et l'amour, j'en veux pas. En tout cas, le mal de dents avait été comme une douche froide. Je m'étais ressaisie. J'avais failli perdre la tête et le cœur, mais j'étais sauvée.

Dans le salon, le même soir, Gilles berce Francis-Hoo.

Gilles
— C'est l'amour de ma vie, cet enfant-là!

Monique
— Ah! ça, les enfants, l'amour des enfants, ça remplit toute une vie; ça et le travail. Moi, dans ma vie, il y a mes enfants et les dents.

Gilles
— Ben moi, j'ai Francis-Hoo et les maringouins.

Monique
— Ah! c'est vrai, le sujet de ta thèse.

Gilles
— C'est une vraie passion, les maringouins, pour moi.

Monique
— Je vois pas comment on peut se passionner pour ces bestioles-là.

Gilles
— C'est parce que tu les connais pas. C'est parce que t'as jamais regardé un maringouin, je suis sûr.

Monique
— Non, je leur laisse pas le temps, je les tue avant.

Gilles
— Tu devrais pas. Écoute, je vais aller coucher Francis-Hoo, pis on va se parler. Je suis sûr que je suis capable, si tu me donnes une heure ou deux, de te faire aimer ces sauveurs de l'humanité que sont les maringouins. Je reviens tout de suite. *Il va coucher l'enfant endormi.*

Monique
— Une heure ou deux...

Elle regarde l'heure, se lève, endosse son manteau, se dirige vers la sortie.

Gilles
— Non, vas-t'en pas !

Monique
— Il faut, oui.

Gilles
— Mais les maringouins...

Monique
— Laisse faire les maringouins...

Gilles
— Ah ! c'est triste...

Monique
— Ça m'a fait plaisir de te connaître !

Gilles
— Moi aussi.

Ils se donnent la main, se regardent intensément. On les retrouve nus dans le divan-lit ouvert.

Monique
— Ç'a l'air qu'on a perdu le mode d'emploi.

Gilles
— Je pensais que c'était comme la bicyclette, moi. Quand t'as su pédaler...

Monique
— Eh bien non...

Gilles
— Hé ! Eh bien non... !

Monique
— Ça marche pas, nous deux, t'en as la preuve...

Gilles
— Ah ! ça oui, la preuve est là.

Il soulève la couverture, aperçoit « la preuve » toute ratatinée dans son coin.

Monique
— C'est comme regarder une vitrine de Laura Secord sans avoir une cenne pour en acheter, hein... ?

Gilles
— Hein ?

Monique
— Je me comprends.

Gilles
— Eh bien...

Il s'assoit, tire toute la couverture à lui pour se couvrir, et découvre ainsi Monique.

Monique
— Aïe ! insiste pas, hein !

Gilles
— J'insiste pas.

Monique
— Ce que je veux dire, c'est que je veux pas que tu me voies nue.

Et elle tire la couverture à elle, le découvrant.

Gilles tire la couverture.
— Moi non plus.

Monique la tire.
— Laisse la couverture.

Gilles tire.
— C'est ma couverture.

Monique tire.
— Sois poli, au moins.

Gilles la lui abandonne.
— Écoute, on va pas recommencer à se battre...

Il éteint la lumière et se met à chercher dans le lit.

Monique
— Qu'est-ce que tu fais là ?

Gilles
— Je cherche mon jogging. *Monique le lui lance par la tête.* Aïe ! *Et il cherche encore...* Qu'est-ce que c'est ça ? C'est pas à moi, ça, certain... *Il lui montre une petite culotte...*

Monique
— C'est à moi, ça !

Il se cognent la tête où ça fait mal !

Gilles
— Tu peux pas faire attention, non ?

Monique
— Tu m'as fait mal, là! C'est une habitude ou quoi?

Ils se dressent l'un contre l'autre, à genoux dans le lit, le poing levé.

Gilles
— Je m'excuse, bon, j'ai pas fait exprès.

Monique
— C'est de ma faute, peut-être?

Gilles
— Bon, excuse-moi. Où c'est que je t'ai fait mal?

Monique
— Là. *Elle montre son nez.*

Gilles
— Excuse-moi. *Il lui caresse le nez.*

Monique
— Où je t'ai fait mal, moi?

Gilles
— Là. *Il lui montre son front.*

Monique lui caresse le front, ils se caressent le visage, les bras, et se retrouvent dans les bras l'un de l'autre.

Gilles
— Tes mains sont bonnes.

Monique
— Les tiennes, donc!

Gilles
— T'as la peau douce.

Monique
— Et toi, donc! On dirait que tes mains... c'est bête, hein?... que tes mains courbent toutes mes épines. Je me sens douce...

Gilles
— Toi, tes mains, elles me défripent le cœur, et Dieu sait qu'il est fripé.

Monique
— Est-ce que... J'ose pas te le demander.

Gilles
— Demande toujours.

Monique
— Sais-tu ce que j'aimerais? Qu'on se caresse, juste se caresser. J'ai deux ans de retard dans les caresses.

Gilles
— J'osais pas te le demander. Moi, j'ai trente-cinq ans de retard.

Monique et Gilles se caressent longtemps et doucement. Gilles se met à pleurer.

Monique
— Qu'est-ce que t'as? Tu pleures? Gilles, tu pleures?

Gilles
— Excuse-moi, je sais pas ce que j'ai.

Monique
— Tu pleures.

Gilles
— J'avais comme un gros paquet de larmes qui avaient pas été pleurées, j'imagine...

Monique
— Excuse-toi pas. J'aime ça, que tu pleures. Mon ex a jamais versé une larme.

Gilles
— Moi, c'était ma femme qui pleurait dans la famille. Moi, je pouvais pas me permettre ça! J'étais l'homme.

Monique
— Peux-tu me le dire, pourquoi tu pleures ?

Gilles
— Parce que... parce que je suis bien avec toi.

Monique
— Moi aussi, je suis bien...

Gilles
— Mais tu pleures pas, toi.

Monique
— J'en ai plus, de larmes. Tiens-moi fort, par exemple.

Monique, aux téléspectateurs.
— On s'est caressés toute la nuit, juste caressés. Nos mains étaient partout sur nous, comme pour nous apaiser, pour nous calmer, nous connaître aussi. Au petit matin, aussi repus, aussi détendus que si on avait fait l'amour, on s'est levés. Francis-Hoo dormait encore. Et là je sais pas ce qui est arrivé.

Dans la cuisine, Gilles et Monique prennent leur jus d'orange, grignotent leurs toasts.

Monique
— Comment je vais faire pour aller fouiller dans la bouche du monde ?

Gilles
— Comment je vais faire pour décrire la vie amoureuse des maringouins ?

Monique
— Tu es très doué pour les caresses, tu sais.

Gilles
— Toi, t'es une virtuose.

Monique
— Je sais pas comment ça se fait, les Canadiens, on n'est pourtant pas caressants.

Gilles
— Canadiens ? Les Québécois, tu veux dire !

Monique
— Les Québécois, qu'est-ce que c'est ça ?

Gilles
— Comment, qu'est-ce que c'est ça ? C'est toi et moi. T'es pas anglaise ?

Monique
— Péquiste... Il me semblait que ça existait plus, cette race-là...

Gilles
— Je suis nationaliste comme tous ceux de ma génération...

Monique
— Eh bien, pas moi ! C'est pas une question de génération mais une question économique. Le nationalisme, c'est dépassé.

Gilles
— Fédéraliste capitaliste ! Je suis bien tombé, là !

Monique
— Je suis fédéraliste comme tout le monde maintenant.

Gilles
— Comme tous les professionnels, tu veux dire. Comme tous les riches.

Gilles, aux téléspectateurs.
— On s'agrippait à la vieille chicane politique pour se retenir de tomber en amour. Je voulais pas m'embarquer dans la vie à deux, je voulais pas recommencer ça... Le partage... Je voulais surtout pas souffrir, puis quand t'aimes, tu t'en sors pas, tu souffres. Dès que tu possèdes quelque chose, t'as peur de le perdre, c'est bien connu. Je voulais pas aimer...

Monique, aux téléspectateurs.
— Je me serais pris aux cheveux avec lui, pour le café, le sucre, les toasts. Je sentais que je l'aimais et je voulais pas l'aimer. Aimer, c'est ouvrir toutes ses portes, et quand tes portes sont ouvertes, le vent entre, la pluie, la poussière, la tempête... Je voulais pas ça. J'étais tranquille, j'étais bien, j'avais la paix...

Gilles
— Les fédéralistes, si vous êtes pas contents, dehors, hein! On peut très bien se passer de vous autres au Québec.

Monique
— O.K.! O.K.! J'ai compris, je m'en vais. Je suis fédéraliste, mais pas idiote. *Elle va chercher son manteau.*

Gilles
— Monique, écoute, prends pas ça personnel! *Il essaie de la retenir.*

Monique
— T'aimes pas les fédéralistes, je le suis; alors, goodbye, hein! See you!

Gilles
— Tu peux me parler en français! Vous nous avez pas colonisés une deuxième fois, c'est pas fait encore, «Moniks».

Monique
— Va donc péter dans les fleurs!

Elle cherche la sortie.

Gilles
— Monique, écoute!

Monique
— Des petits poils péquistes, moi, je m'en fais des brosses à dents.

Gilles
— Des fédéralistes, moi, je les mets... *Voyant qu'elle a la main sur la poignée de la porte...* Aïe vas-t'en pas !

Monique
— Quoi ?

Gilles
— Reste.

Monique
— Veux-tu que je reste ou que je parte ? Décide-toi... J'ai horreur des hommes qui savent pas ce qu'ils veulent.

Gilles
— C'est vous autres qui savez pas ce que vous voulez... Qu'est-ce qu'elles veulent, les femmes, hein ? Qu'est-ce que vous voulez ?

Monique
— Tu vois bien qu'on s'entend sur rien. Je m'en vais. *Elle ouvre la porte.*

Gilles lui barre le chemin.
— C'est pas nécessaire de s'entendre, peut-être.

Monique
— Qu'est-ce que tu dis ?

Gilles
— Je dis : c'est pas nécessaire de s'entendre si on s'aime.

Monique
— Mais je t'aime pas, moi.

Gilles
— Mais oui, tu m'aimes.

Monique
— T'es malade ou quoi ?

Gilles
— On s'aime, nous deux.

Monique
— On s'aime pas du tout.

Gilles
— Dis-moi ça dans les yeux sans rire. *Il s'appro-che d'elle très près.*

Monique
— On peut pas s'aimer, je te dis. J'aime rien de toi. *Elle l'embrasse.* J'aime quand tu m'embrasses ; ça, j'aime ça.

Gilles
— J'aime tes yeux, ton nez, ta bouche, ton men-ton, ton poil, là.

Monique
— J'ai un poil, moi ? Où ça ?

Gilles
— Je l'aime, je l'aime. J'aime ce que tu goûtes, j'aime ce que tu sens.

Monique, apeurée.
— Je sens quoi ?

Gilles
— J'aime ça. J'aime ta peau. J'aime ta douceur. J'aime ta couleur. J'aime même tes poumons. J'aime ton foie. J'aime tes seins.

Monique, apeurée.
— Qu'cst-ce qu'ils ont, mes seins ?

Gilles
— Je les aime ; ils sont attendrissants, ils ont l'air de deux petits pauvres. Sans pauvres, on peut pas se sentir riche. Je les aime. Tu vois, j'aime tellement de choses en toi que c'est pas néces-saire de s'entendre.

Monique
— Veux-tu rire de moi, toi là ?

Gilles
— Ah, que j'aime ça, quand tu dis ça !

Monique
— Aïe ! j'm'en vais, moi là.

Gilles
— J'aime ça, ça aussi, que tu partes en restant.

Monique
— Écoute, on n'a rien en commun, faut plus se voir.

Elle tente d'ouvrir la porte.

Gilles
— Attends ! On a tout en commun, puisqu'on a tous les deux besoin d'aimer et d'être aimés. Écoute, c'est pas par hasard que j'ai ouvert le Bottin vert, c'est pas par hasard qu'on s'est retrouvés au même Nautilus. Il n'y a pas de hasard dans l'amour. Moi, j'avais besoin d'aimer, t'avais besoin d'aimer, pis on s'est rencontrés. L'amour s'est garroché sur nous autres, on n'a pas eu le choix. Moi, j'ai lutté tant que j'ai pu, mais je me rends. Rends-toi donc !

Monique
— On se connaît pas.

Gilles
— On va se connaître.

Monique
— C'est trop vite.

Gilles
— C'est déjà tard.

Monique
— Je m'en vais, je suis en retard.

Gilles
— Depuis que je t'ai vue que je t'aime.

Monique
— Écoute, laisse-moi partir.

Gilles
— O.K. ! Tu peux partir. Tu vas revenir.

Monique
— Tu le sais pas, ça ! Ah ! ça, tu le sais pas !

Gilles
— Déjà, dans mon cœur, je te fais de la place dans mes tiroirs.

Monique
— Ah ! Parce que je viendrais vivre ici ? Es-tu malade, toi ? Moi, j'ai une belle grande maison à Outremont, et je viendrais vivre dans un petit trois-pièces à Ville LaSalle ?

Gilles
— O.K., d'abord, je vais aller vivre chez toi.

Monique
— Ah ! ça, c'est pas fait, ça !

Gilles
— Fais donc comme moi, laisse-toi aller.

Monique
— Je peux pas me laisser aller. Regarde : cette nuit, je me suis laissée aller, ben regarde où est-ce qu'on est rendus, nous deux. Je veux pas m'attacher, je veux être libre, m'entends-tu ?

Gilles
— Aimer, c'est un risque à prendre. Moi, je le prends.

Monique
— Je veux pas risquer de souffrir.

Gilles
— À force de pas prendre le risque de souffrir, le bonheur passe.

Monique
— Je veux pas aimer ; c'est pas le fun, ça fait souffrir.

Gilles
— Moi non plus, je veux pas aimer, mais c'est fait, j'y peux rien, je t'aime.

Monique
— Ben pas moi ! Moi, je t'aime pas.

Et elle s'en va en claquant la porte. Gilles reste là.
Monique revient.

Monique
— Demain à mon bureau, quatre heures ! Les dents de Francis-Hoo !

Elle est partie.

Gilles, aux téléspectateurs.
— Francis-Hoo était à son rendez-vous à quatre heures... avec ma mère. Loin de Monique, la peur de retomber en amour m'avait repris. À quatre heures, moi, j'étais avec mes maringouins à l'université.

À l'université, Gilles regarde un maringouin au microscope, mais tout ce qu'il voit, c'est le nez de Monique, les lèvres de Monique, les joues de Monique.

Gilles, aux téléspectateurs.
— C'était ça. J'étais bien tombé en amour. Je reconnaissais les symptômes de la maladie. Rien à faire... J'étais contaminé.

Au restaurant, il est quatre heures de l'après-midi.
Monique préside plus d'une table.

Monique rit... très fort, très haut, comme les gens qui s'ennuient.

Ariane
— Quand vous pensez que pendant treize ans mon ex-mari a étalé la pâte à dents sur ma brosse

à dents ; la dose exacte... Pendant treize ans !
Comme si j'avais eu 3 ans ! Comme si j'avais pas
été capable toute seule ! Depuis qu'il est parti,
je me lave les dents avec de la « petite vache » !

Toutes, elles rient.

Monique
— T'as peut-être tort... C'est pour ton bien que...

Fabienne
— Moi, le mien... l'ancien mien... mon ex... il
pouvait pas supporter l'ail, ni le goût de l'ail, ni
l'haleine d'ail... Moi, l'ail, je mange ça comme
une pomme. Eh bien, je me suis privée pendant
onze ans. Quand je suis partie, je suis allée chez
mes parents à la ferme, puis je me suis acheté
une tresse d'ail... J'arrête pas d'en manger...
Sentez...

Elle fait sentir son haleine à la ronde.
Toutes reculent mais rient.

Monique
— C'est pas comme ça que tu vas te faire des...
copains...

Josée
— Moi, mon ex, il ronflait... Sur le dos, sur le
côté, sur le ventre... oreillers, pas oreillers... Puis
il était pas vieux ! Pince le bras, tourne de bord,
c'était toujours pareil... *Elle ronfle.* Puis savez-vous
ce qu'il me répondait quand je lui disais qu'il
ronflait ? « T'as qu'à dormir, tu m'entendras
pas... » Quand je me suis retrouvée seule, je me
suis acheté un lit simple, pour être certaine de
jamais me retrouver avec un homme dans le
même lit pour la nuit.

Toutes lèvent leurs verres.

Ariane
— Vive les lits simples...

Maryse
— Le lit simple, c'est l'assurance-autonomie !

Toutes
— Vive l'autonomie... !

Maryse
— As-tu changé ton « queen size », Monique ?
Toujours hésitante ?

Monique
— Oui... C'est fin mars, je me demande...

Maryse, un peu paf.
— Alors, Madame la Présidente... C'est à ton
tour... Les joyeuses divorcées lèvent leur verre à
quoi, ce mois-ci ?

Monique, qui voudrait être ailleurs, se lève, hésite.
— Levons nos verres à l'indépendance.

Toutes
— À l'indépendance... !

Monique
— À la liberté... !

Toutes
— À la liberté... !

Monique
— Buvons au célibat, à la... à la...

Maryse
— Elle s'en souvient plus !

Ariane
— Qu'est-ce que t'as, Monique ?

Maryse
— Si tu t'en souviens plus, je peux te souffler...

Fabienne, bas, en riant.
— À la masturbation.

Elles rient toutes, mais en douce.

Monique, bas.
— C'est parce que... je pense qu'on devrait s'en aller, là, je pense qu'on le retarde. *Elle désigne le serveur.* Regardez-le faire.

Toutes regardent le serveur, qui s'en va, gêné.

Monique se rassoit.
— Et puis, je le sais pas, je trouve ça niaiseux, tout ça, tout d'un coup. Je trouve ça enfantin...! On se conduit comme une gang de gars ensemble.

Josée croit deviner.
— Toi, tu nous as trahies. Elle nous a trahies!

Monique
— Moi? Jamais de la vie!

Ariane
— Est tombée en amour! T'es retombée en amour, toi, hein?

Maryse
— Pas elle! Pas toi! T'es notre présidente. C'est toi qui as fait les règlements, pis la promesse d'autonomie, c'est toi qui l'as écrite.

Fabienne, intéressée.
— T'es pas tombée en amour? Qui ça?

Ariane
— Elle est tombée en amour, la chanceuse...!

Josée, dépitée.
— «Mangez pas de chocolat, ça fait engraisser.» Pendant ce temps-là, elle se bourre en cachette. C'est toujours pareil...

Monique
— Je suis pas tombée en amour, et je me suis pas bourrée, je vous le jure. J'ai pas été jusqu'à trahir. J'ai failli, mais j'ai pas trahi. Je crois encore que l'amour est une aliénation, que c'est

une condamnation à l'esclavage. Je suis tellement contre l'amour que j'ai l'intention... c'est-à-dire que j'ai pris la résolution de plus jamais... Je vais me tenir loin du Laura Secord. Je vous le promets.

Toutes
— Jure-le ! Jure-le !

Monique, solennelle.
— Je le jure.

Dans le cabinet du dentiste, Monique mange une tablette de chocolat.

Monique
— J'étais sincère. J'étais tellement sincère que je l'ai pas revu. J'avais son numéro de téléphone, pourtant. Je l'avais pris en cachette, le fameux soir. Eh bien, j'ai pas téléphoné. Faut dire que lui non plus. Pourtant, il a mon numéro ; je suis dans le Bottin vert, moi, sous « dentistes ». Je suis bien contente. Tant mieux ! Sauvée de la catastrophe. On est très bien, le cœur libre.

L'assistante
— Docteur, la salle d'attente est pleine.

Monique s'essuie la bouche, se brosse les dents, se rince la bouche, endosse son sarreau, ouvre la porte de la salle d'attente.

Gilles est dans la salle d'attente, il a un pansement autour de la tête. Monique le voit, referme la porte, le cœur lui bat, elle se calme, ouvre la porte.

Monique
— Monsieur Dubé, entrez.

L'assistante
— Venez, Monsieur Dubé. *Elle lui prend les mains.* Suivez-moi, Monsieur Dubé.

Monique, brusque.
— Je vais m'en occuper !

Elle ferme la porte au nez de l'assistante et regarde Gilles.

Monique
— Ça sert à rien d'essayer de m'apitoyer. Je veux pas. J'ai été faible mais je me suis ressaisie. Je suis très bien comme je suis. J'ai pas l'intention de changer quoi que ce soit à ma vie. *Gilles se plaint en se tenant la joue.* Je me demandais bien quel prétexte vous trouveriez pour me revoir. C'est aux vues qu'on voit des pansements comme ça, pas dans la vie, et puis la joue enfle pas tant que ça quand on a un abcès. C'est cousu de fil blanc, votre ruse pour me revoir... Ça prend pas. *Gilles crache du sang dans sa main.* Vite, assoyez-vous.

Monique, aux téléspectateurs.
— Il avait l'air d'avoir mal pour vrai. Je m'étais trompée sur lui puis sur ses intentions. Pauvre amour.

Gilles, aux téléspectateurs.
— Ça m'avait pris un mois à me fabriquer une capsule de ketchup que je puisse briser avec mes dents. Restait à reconstituer un abcès. Ça, ç'a pas été facile.

Monique, aux téléspectateurs.
— Je me suis vite aperçue que c'était pas un abcès. J'ai commencé par être fâchée, puis j'ai trouvé ça « cute ». Quand tu commences à trouver « cute » les niaiseries des hommes, c'est que t'es sur une bien mauvaise pente. Je me suis laissée glisser, et en amour, quand tu glisses, t'aboutis infailliblement dans le lit...

Dans la chambre de Monique, dans le lit simple, Gilles et Monique viennent de faire l'amour.

Monique
— Je t'aime.

Gilles
— Je t'aime.

Monique
— Avant, on parlait deux langues différentes; maintenant, on parle la même.

Gilles
— Mon amour!

Monique
— Mon amour!

Gilles
— Le « Mon amour » qu'on dit après l'amour, ça vaut bien dix « Mon amour » qu'on dit avant l'amour.

Monique
— Qu'est-ce qui va nous arriver, maintenant?

Gilles
— On a commencé par coucher ensemble, on va peut-être finir par vouloir passer notre vie ensemble.

Monique
— Pas si vite, mon tendre amour, mon bon amour, mon doux amour...

Gilles
— Je t'aime, je t'aime tant que je voudrais placarder les murs de « Je t'aime ».

Monique
— Moi, je les placarderais de « Merci ».

Plus tard...

Gilles, aux téléspectateurs.
— Je vous épargne le reste. Les mots d'amour sont ridicules quand on n'aime pas, mais quand on aime, les paroles caressent autant que les mains. On s'en est pas privés, ma blonde pis moi, de mots d'amour, de caresses d'amour. Oh oui ! j'ai oublié de vous dire : on est accotés depuis deux ans, et heureux ensemble, et heureux de partager nos enfants ; on en a six à nous deux. C'est bizarre : l'amour fabrique de l'amour. Plus on s'aime, plus on a d'amour à donner autour de nous.

Monique, aux téléspectateurs.
— J'ai vérifié son nom dans l'annuaire du téléphone : il existe, je l'ai pas inventé, c'est pas un rêve. Gilles existe et il me rend heureuse. On n'a rien en commun, nous deux, sauf l'amour. C'est pas toujours facile entre nous ; il y a du vent, de la tempête, mais quand le soleil luit, il est bon. Ça fait deux ans qu'on s'aime, et je l'aime chaque jour comme si c'était le dernier jour.

Gilles et Monique se retrouvent, s'embrassent.

Gilles
— Je t'aime.
Monique
— Je t'aime.

L'Amour et la différence d'âge

Marie-Claire Joly, orthophoniste, 30 ans.

Michel Clermont, obstétricien, 56 ans.

Serge Clermont, fils de Michel, 30 ans.

Dans le salon d'une confortable maison d'Outre-mont, Marie-Claire met un peu d'ordre. Elle s'arrête devant la photo au-dessus du divan, puis, sentant qu'on la regarde, sentant surtout un grand besoin de raconter son histoire, elle s'assoit et elle parle aux téléspectateurs.

Marie-Claire
— C'est moi, Marie-Claire Joly. De mon métier, je suis orthophoniste. Non, je joue pas de l'orthophone. J'apprends à parler à des enfants qui ont des troubles du langage. Je travaille à l'hôpital Sainte-Justine depuis six ans. Le gars sur la photo avec moi, c'est mon chum. S'il m'entendait...! Le monsieur sur la photo, c'est mon ami, comme il veut que je dise. Moi, je dis que je suis plus qu'une amie : on vit ensemble depuis quatre ans. La photo date de ce temps-là. Ça vous tente-tu de savoir comment on s'est connus ?

C'était le 11 novembre à six heures moins dix du soir. Il avait plu toute la journée, puis le vent s'était levé, un vent froid. Toujours que moi, à cette époque-là, j'étais dans mon trip de jogging. Je joggais pour aller au travail le matin, je joggais pour retourner à la maison le soir ; ça usait les running shoes mais ça économisait les tickets d'autobus. Toujours que ce soir-là je sors de l'hôpital puis je pars à jogger. C'était glissant... Je patinais plus que je joggais... Tout à

coup, j'aperçois devant moi un petit monsieur...
pas petit... mais petit manteau, petit foulard, petit
habit rayé, petits souliers noirs : un monsieur.
Le temps de me dire : « Il devrait jogger, lui, au
lieu de marcher, ça le remplumerait... » les deux
jambes y partent puis il s'étale de tout son long
juste devant moi... Pourquoi on rit quand
quelqu'un tombe ? C'est pas drôle ! On rit peut-
être parce qu'on est contents que ce soit pas
nous autres qui se cassent la gueule... Lui, il riait
pas, il avait l'air de s'être sonné le cadran pas
mal fort, il se plaignait. Moi, belle nounoune, j'y
dis : « Vous êtes-vous fait mal ? » Il essaye de se
lever ; pas capable... Je l'aide à se relever ; il glisse,
il retombe à terre... Là, il ne se plaignait pas, il
criait. Je savais plus quoi faire. Il y avait personne dans la rue. J'ai eu une idée, j'y ai dit :
« Je vais vous prendre sur mon dos, comme un
sac à dos. J'ai l'habitude, je fais la Gaspésie sur
le pouce chaque été. » Là, je me suis penchée,
j'ai mis ses mains autour de mon cou, puis je l'ai
pris sur mon dos puis je l'ai amené à l'urgence
à Sainte-Justine. Une chance qu'on était à côté...
Il est pas gros, mais il est costaud ! J'entre à l'urgence, tout le personnel se précipite... Mon sac
à dos, c'était un médecin attaché à l'hôpital, un
obstétricien. Aïe, je travaillais à Sainte-Justine
depuis deux ans, je l'avais jamais vu. J'avais l'air
bête. On trimbale pas un docteur comme ça ;
pas une infirmière, en tout cas. Ils lui ont fait
une radiographie ; c'était une entorse. Durant
les examens, il m'a pas lâché du regard. J'étais
gênée, d'autant plus qu'une fois en jaquette
d'hôpital, je le trouvais pas pire avec ses petites
pattes d'oie, ses tempes grises, ses belles mains...
Je le trouvais même sexy. Il me regardait, je le
regardais. C'est pas mêlant, on se faisait l'amour
avec les yeux. Ce soir-là, ce même soir-là, j'ai
lâché ma copine avec qui je partageais un quatre

et demi, rue Hutchison, j'ai mis mon linge dans mon sac à dos, j'ai pris mon poisson rouge d'une main, mon oreiller de plumes de l'autre, puis j'ai sonné chez Michel. Il m'avait dit qu'il vivait seul. Bien, il a même pas été surpris. Il m'attendait... Eh bien, on s'est jetés l'un sur l'autre comme des cannibales... C'était comme si on avait jeûné pendant cent ans... C'est pas des farces, on voulait pas juste se donner puis se prendre, mais se manger... s'avaler... Je vous dis, on fournissait pas. Juste à y penser, mes poils sur les bras changent de bord... Toujours est-il que j'ai mis mes petites culottes à côté des siennes dans son tiroir, puis elles concubinent depuis quatre ans. Quatre ans! Ces quatre années-là, j'ai connu intimement le bonheur. Assez, là, pour avoir mal aux joues à force de sourire... J'ai été heureuse. J'ai été... Je parle au passé, parce qu'il casse... C'est un bon mot, ça, casser. Je suis en mille miettes.

Ce soir, c'est notre dernier soir ensemble. Demain, je remets mes petites culottes dans mon sac à dos, et dans une valise — en quatre ans, hein, on en accumule, des culottes —, je prends mon chat — mon poisson rouge a fait une dépression quand j'ai eu le chat, il s'est noyé —, je prends mon oreiller de plumes puis je retourne chez ma mère, en attendant de me trouver un appartement. On se sépare...

Puis le pire, c'est que je sais pas pourquoi... J'ai rien fait : je l'ai pas trompé, je l'ai pas contredit devant le monde, je lui ai pas fait honte, rien... Il m'est arrivé comme ça il y a une semaine : « Faut se séparer, ç'a assez duré, quatre ans c'est un bon bail... » Qu'est-ce que j'ai fait? J'ai essayé de le faire parler. Il veut pas parler de « ça »... Il veut qu'on se sépare comme des gens civilisés... Faut dire que lui il a horreur des scènes! Je pense que sa femme lui en faisait...

que j'ai cru comprendre. Il y a juste que moi je trouve pas ça civilisé ; on se sépare pas sans s'expliquer...

À l'hôpital Sainte-Justine, le docteur Michel Clermont vient de terminer ses visites aux nouvelles mamans. Il se lave les mains au lavabo de son bureau, puis va s'asseoir. Sur son pupitre trône en plus petit la même photo de lui et de Marie-Claire, il y a quatre ans. Il prend la photo dans ses mains, la regarde, lève les yeux vers les téléspectateurs et, très courtois :

Michel
— Je me présente : je suis le docteur Michel Clermont, obstétricien, attaché à l'hôpital Sainte-Justine, euh... marié, puis divorcé, père d'un enfant... Enfin, c'est pas un enfant, il a 30 ans, l'âge de... celle avec qui je viens de partager ma vie pendant quatre ans. Quatre belles années, quatre années de vacances ! Parce qu'avec Marie-Claire la vie est un pique-nique... Mais les vacances ne sont agréables que parce qu'elles commencent et qu'elles finissent. Quatre années de pique-nique, c'est assez ! Quand je l'ai rencontrée, j'étais divorcé depuis deux ans, j'avais fait le tour complet des bars pour célibataires. J'avais expérimenté le « recreational sex », vous voyez ? Je fréquentais plus la rue Crescent que la rue Saint-Denis. J'avais beaucoup couché, peu aimé... En somme, quand je l'ai rencontrée, j'avais aucune raison de vivre, rien que des prétextes. J'avais bien mon fils... Celui-là ! Savez-vous ce qu'il fait dans la vie ? Des poèmes !... et il étudie les médecines douces... pour faire suer son père. Enfin, on fait pas ce qu'on veut avec les enfants. Pour en revenir à moi... à Marie-Claire : j'ai eu l'idée d'aller passer notre dernière soirée chez lui. J'ai une bonne excuse : il vient

de s'acheter une maison. Avec quel argent ? Ça ? Comme en visite on peut difficilement se chicaner, et comme j'ai horreur des scènes de ménage, ce sera une bonne façon de mettre fin à cette histoire. Je dis toujours aux enfants, à l'hôpital : « Un bobo qu'on gratte, il saigne. N'y touchez pas, il va guérir. » Pour éviter les saignements de notre rupture, voici la prescription : ce soir, visite de la maison de mon fils ; rentrée à la maison, dodo ; puis demain matin, départ pour Boston, seul bien sûr, pour un congrès médical. Je trouve ça bien de ma part de laisser Marie-Claire prendre tout son temps pour partir... Elle a quatre jours. Je lui ai demandé qu'à mon retour il n'y ait plus trace d'elle chez moi : son chat, son linge, ses pots de crème, ses affaires... C'est la bonne façon de se quitter ! Une belle coupure ! Ce sont les belles coupures qui font les belles cicatrices...

Sur le plateau Mont-Royal, Serge, le fils de Michel, fait visiter sa maison à Marie-Claire et à son père. Il a les cheveux longs noués en queue de cheval, des pantalons larges, une chemise vaguement russe et des sandales coupées à même de vieux pneus récupérés. Il est insouciant, heureux et fier de posséder enfin une maison.

Serge
— Puis ici c'est la cuisine...

Michel, étonné.
— T'as pas encore posé tes portes d'armoires ?

Serge
— Je les ai enlevées, comme ça on a tout à la portée de la main. Je me suis toujours demandé pourquoi on cachait le sucre, puis la farine ; c'est pas de la cocaïne.

Marie-Claire, enthousiaste.
— C'est une bonne idée! J'haïs ça, les portes d'armoires. D'abord, quand on a de la pâte à tarte jusqu'aux coudes, on salit les armoires en les ouvrant...

Michel, de mauvais poil.
— Quand même, ça fait plus en ordre, les portes fermées sur les casseroles.

Serge
— Avoir de l'ordre, papa, c'est donner de l'importance aux choses qui n'en ont pas.

Marie-Claire, intéressée.
— Répète ça...

Serge
— Avoir de l'ordre, c'est donner de l'importance aux choses qui n'en ont pas.

Marie-Claire
— T'entends, Michel?

Michel
— T'as trouvé ça en regardant ton tas de linge sale derrière ta porte de garde-robe?

Serge
— Oui, justement... Puis sais-tu ce que j'ai fait? J'ai trouvé ma phrase tellement géniale que je l'ai fait imprimer sur des T-shirts, sur des linges à vaisselle, sur des tabliers, puis, sais-tu quoi? ça se vend comme des petits pains chauds! Les femmes tripent là-dessus! Elles ont été tellement « brainwashées » sur l'ordre puis la propreté, comme si c'était ça les qualités féminines...

Là, je suis invité à la télévision à une table ronde sur le désordre. Je donne des conférences aux femmes en province... puis il y a un éditeur qui est après moi pour que j'écrive un livre là-dessus.

Marie-Claire
— C'est le fun!

Michel
— C'est de la récupération... Tu te sers des femmes pour faire de l'argent.

Serge
— Et toi, papa...?

Michel
— Je les exploite pas.

Serge
— Tu gagnes ta vie avec leurs vagins... C'est pas ce que les proxénètes font...?

Pendant toute cette conversation, Marie-Claire reste discrète même si les propos du père et du fils l'amusent.

Michel, piqué.
— Je soigne les femmes.

Serge
— Tu les soignes? Elles sont pas malades, elles sont enceintes. Tu devrais...

Michel, pour faire diversion.
— T'as du scotch?

Marie-Claire
— Il y a pas moyen de parler avec lui, jamais! Tu vois, là? Dès qu'on le remet en question, il décroche.

Michel, tout en cherchant le scotch.
— T'aurais mieux fait de t'acheter une maison à Notre-Dame-de-Grâce ou à Saint-Lambert. Le plateau Mont-Royal, me semble...

Serge
— J'ai pas d'alcool, c'est pas bon pour la santé. Je te fais mon spécial: carottes, céleri, pommes, germe de blé!...

Il sort l'extracteur de jus, les légumes, les fruits.

Marie-Claire, admirative.
— Ah ! j'ai toujours voulu ça, un extracteur...

Michel
— Si t'as pas de scotch, du vin, ou une bière...

Serge, qui prépare le jus.
— J'en ai pas... Ah, papa ! en parlant de femmes, j'ai été approché par... l'Association des sage-femmes du Plateau Mont-Royal... J'ai étudié le dossier et j'en suis venu à la conclusion que les accouchements c'est une affaire de femmes entre femmes, ça regarde pas les hommes.

Marie-Claire
— C'est vrai, ça !

Michel
— Donc, tuons tous les accoucheurs mâles, d'abord !

Serge
— C'est pas ça que je dis...

Marie-Claire
— C'est pas ça qu'il dit.

Michel
— Si on donne aux sages-femmes le droit de faire des accouchements, fini les accoucheurs ; or, je suis un accoucheur ; donc, je suis fini...

Serge
— Tu te recycleras.

Michel
— Dans la médecine douce ?

Serge
— Ça ferait changement, t'occuper de la santé plutôt que de la maladie...

Michel, fâché.
— J'ai toujours tort, hein ? Ton père a toujours tort !

Serge
— T'as pas tort parce que t'es mon père, t'as tort parce que t'as pas raison...

Michel
— T'es prêt à admettre n'importe quelle idée de fou, du moment que c'est quelqu'un de ta génération qui l'émet.

Marie-Claire
— Bon, ça y est, la bibite est sortie du sac !

Michel
— Quoi ? C'est vrai ! Pour les jeunes, tous les au-dessus de 50 ans sont bons à jeter aux poubelles.

Serge, affectueux.
— Je jette pas mes choux gras de même, moi ! T'es encore bon... Peut-être que dans dix ans, quand tu seras gâteux...

Michel
— Je le sais, je le sais !

Serge
— C'est une farce !

Michel
— Les vieux, on dirait qu'on est une atteinte personnelle à votre jeunesse... On est l'ennemi... Si vous pouviez nous passer à la chambre à gaz...

Serge, souriant quand même.
— Wo ! T'exagères, là !

Michel
— Vous êtes nos nazis...

Serge
— T'es pas vieux !

Michel
— Je suis lucide. Les mouches commencent à me reluquer avec intérêt...

Serge
— Tu vas arrêter ça...

Marie-Claire
— Laisse-le faire, il aime ça. C'est sa nouvelle marotte, parler de son grand âge. Ça lui donne une bonne raison de se débarrasser de moi.

Michel
— D'abord, je me débarrasse pas de toi...

Marie-Claire
— Tu me laisses...

Michel
— On se quitte.

Marie-Claire
— Je te quitte pas. Toi, tu me quittes.

Serge, les regardant l'un et l'autre, croit comprendre la vérité.

Michel
— Je déteste laver mon linge sale en famille.

Michel fait un pas vers le corridor quand Marie-Claire l'arrête.

Marie-Claire
— On le lave jamais, notre linge sale. On le remet sale. C'est pour ça qu'on pue !

Michel
— Surveille ton langage, Marie-Claire.

Marie-Claire, se tournant vers Serge.
— Tu le vois, le mur dont il s'entoure, tu le vois, là, hein ?

Michel, très poli, très mondain.
— Excuse-nous, Serge, on va rentrer, on a nos valises à faire.

Marie-Claire, obstinée.
— Rentre si tu veux. Moi, je reste.

Michel, surpris et très paternel.
— Viens-t'en tout de suite !

Marie-Claire
— Comprends-tu ça, toi, Serge ? On s'aime ; pendant quatre ans, c'est le paradis, le grand amour, le gros bonheur, puis tout à coup faut se séparer, comme ça, sans explications.

Michel, se dirigeant vers la porte.
— Laisse mon fils en dehors de ça. Ça le regarde pas.

Marie-Claire
— Comme si le bonheur des parents, ça regardait pas les enfants ! Comprends-tu ça, Serge ?

Michel, lui montrant la porte.
— Marie-Claire... tout de suite !

Marie-Claire
— Je veux pas le forcer à me garder, mais je veux savoir pourquoi je pars. J'ai le droit de savoir.

Serge, à Marie-Claire.
— Papa, il a jamais été fort sur les explications. Pour lui, la réponse à « pourquoi », c'est... « parce que »... !

Marie-Claire
— Je suis pas son enfant. Je veux plus que ça.

Michel
— Marie-Claire, je pensais que t'aurais la décence de parler de choses et d'autres.

Marie-Claire
— Quand ma vie est en jeu ? Non ! T'es viré sur le top ?

Michel, insistant.
— Je t'avertis : si tu t'en viens pas immédiatement...

Marie-Claire
— T'as peur, hein ? T'as peur ! T'es rien qu'un pissou...

Michel
— C'est ça que je veux éviter, les gros mots.

Marie-Claire
— J'aime mieux mes gros mots que tes formules de politesse de mes fesses.

Michel, tout en sortant, s'adresse à Serge.
— Je lui enverrai son linge chez sa mère.

Marie-Claire, à Serge.
— Il peut le garder, s'en faire des mouchoirs pour brailler dedans.

Serge
— Marie-Claire, les nerfs!... Papa, viens ici! Viens t'asseoir un peu avant de partir... T'es rouge comme une tomate, là. Je vais te faire goûter mon cocktail santé, puis on parle d'autre chose, je te le jure. Venez... On est entre gens civilisés... Ça va faire du bien, c'est plein de vitamines...

Serge
— Au dialogue?

Marie-Claire, à Serge.
— Pour ton père, le dialogue, c'est de la chicane!

Michel, à Serge.
— Tu vois comment elle est?

Michel se lève.

Marie-Claire
— Tu vois le mur?

Marie-Claire se lève à son tour.

Serge, grave.
— Buvez!

Marie-Claire et Michel se taisent et boivent.

Serge lève son verre.
— À ma nouvelle maison !

Marie-Claire et Michel l'imitent.
— À ta nouvelle maison !

Une idée géniale traverse l'esprit de Serge. Il affiche un grand sourire et reprend le ton du maître des lieux.

Serge, soudain inspiré.
— Je vous ai pas montré le plus beau !

Michel se lève.
— Une autre fois, sais-tu...

Marie-Claire se lève aussi.
— On s'en va.

Mais Serge les entraîne tous les deux vers la porte du sous-sol.

Serge
— Ça va prendre une minute !

Michel
— C'est quoi ?

Serge
— C'est une surprise. Faut descendre dans le sous-sol.

Marie-Claire
— C'est quoi ?

Serge
— Venez...

Serge passe devant et tous les trois descendent l'escalier. Dans le sous-sol, encombré de tout ce qui encombre normalement les sous-sols, Marie-Claire et Michel découvrent une cabane en bois, avec fenêtre sur le côté.

Serge, fier de lui.
— Qu'est-ce que c'est ça ? C'est pas un alambic, papa, ni une cave à vin, ni une cage à lion... ni

un porte-manteau en cèdre, Marie-Claire. C'est...
un sauna !

Marie-Claire, ébahie.
— Un sauna, un vrai ?

Michel a hâte de partir.
— Je connais ça...

Marie-Claire, à Serge.
— C'est toi qui l'as fait ?

Serge
— Oui, tout seul, avec des plans que j'ai pris
dans un livre. Je suis fier de moi. C'est pas parfait mais ça fonctionne... *Il entre dans le sauna.*
Venez voir.

Marie-Claire, à Michel.
— Deux minutes ! Un sauna, j'aime ça !

Michel, à Marie-Claire.
— Je veux m'en aller.

Marie-Claire, à Michel.
— Pour une fois qu'il fait quelque chose... !

*Marie-Claire entre dans le sauna, suivie par un Michel
exaspéré. Serge en profite pour refermer la porte du
sauna sur eux.*

Serge
— C'est pas grand comme les saunas de maison
à appartements, c'est pas aussi beau, mais ça
chauffe parcil.

Marie-Claire
— Super pro, Serge ! Bravo !

Serge
— Merci ! Un sauna, c'est là qu'on sue mais
c'est là aussi qu'on parle. Tout le méchant sort,
puis après t'es bien, t'es propre, t'es libéré... Si
on avait eu ça quand on vivait ensemble, papa
puis moi ! Hein, papa ?

Michel, très médecin.
— Je suis pas certain que ce soit bon pour la santé...

Visiblement, Michel veut sortir de là.

Serge
— Tes deux minutes sont pas écoulées. Je vais vous montrer quelque chose... Bougez pas, restez-là.

Serge ouvre la porte du sauna.

Michel
— On va rentrer à la maison.

Marie-Claire
— C'est mieux...

Serge
— Vous avez pas vu le plus beau !

Serge sort du sauna, referme la porte et pousse le verrou. Il va au thermostat sur le mur du sauna et augmente la chaleur. Il grimpe l'escalier, entre dans la cuisine et sort une bouteille d'huile à salade de l'armoire. Il en boit une bonne gorgée à même la bouteille, s'essuie la bouche.

Serge, s'adressant aux téléspectateurs.
— C'est du scotch... Je suis pas assez « biologique » pour boire de l'huile à même la bouteille, même de tournesol. J'avais besoin d'un petit remontant ! Enfermer son père puis sa blonde dans un sauna, mettre la chaleur au bout, faut avoir du front ! J'en ai tout le tour de la tête, même que j'ai juste ça, dixit le paternel. Le paternel, je le connais comme si c'était moi qui l'avais fait : pas capable d'entrer en contact avec ses émotions, de les sortir, de les exprimer. Les émotions, c'est bon pour les femmes... et surtout faut pas

être trop heureux ; le bonheur, c'est indécent :
on est sur la terre pour souffrir ! Je lui en veux
pas, il a été élevé de même ! Là, dans le sauna, il
va bien être obligé de l'enlever, son maudit cos-
tume de jésuite, puis de se montrer tout nu. Ça
va être drôle... On écoute ? Pas longtemps, juste
pour voir leurs réactions. J'ai du front, mais je
suis discret...

Serge tourne le bouton de l'interphone et il écoute.

Marie-Claire
— Il a pas mis de chaleur, voyons ! On est habil-
lés. Pour prendre un sauna, faut être tout nus.

Michel
— J'ai chaud... En tout cas, on reste pas ici une
seconde de plus.

Marie-Claire
— Il nous a dit de l'attendre, de pas bouger.

Michel tente d'ouvrir la porte.
— Comment ça se fait que la porte s'ouvre pas ?

Marie-Claire
— La porte est barrée ?

Michel
— Bien non, elle est coincée...

Marie-Claire
— Donne, je suis plus forte que toi... Donne...

*Elle tente d'ouvrir la porte mais ne réussit pas. Ça ne
marche pas...*

Michel
— Ça me surprend pas que la poignée marche
pas, il a deux mains gauches... Ça va être beau
s'il devient acupuncteur ! *Il frappe dans la porte.*
Serge ! Serge ! Serge ! Viens nous ouvrir la porte !

Michel, de toute sa voix.
— Serge !

Ensemble, ils crient.
— Serge !

Dans la cuisine, Serge ferme l'interphone et sourit.

Dans le sauna, qui se réchauffe de plus en plus, Marie-Claire et Michel frappent sur les murs, crient de plus belle : Serge... ! *Soudain, ils entendent une voix par l'interphone du sauna :* « Allô ! Allô ! Ici Serge... Allô ! Allô ! Ici Serge. » *Marie-Claire trouve la boîte de l'interphone... la montre à Michel.*

Voix de Serge
— Papa et Marie-Claire, je vous parle directement de la cuisine. Voici mon message : ça sert à rien de frapper sur les murs, de crier : vous êtes embarrés et vous sortirez pas de là tant que vous vous serez pas expliqués. Je vous demande pas de vous réconcilier, juste de vous expliquer. Plus vite vous vous serez compris, plus vite vous sortirez du sauna... « Roger » !

Marie-Claire et Michel se regardent.

Michel, sévère.
— Serge, descends tout de suite, sors moi d'ici ! Obéis ! T'entends ?
Marie-Claire
— Il t'entend pas. Faut que tu lèves le piton.

Michel va à l'interphone, ouvre l'appareil.

Michel
— Serge, c'est ton père qui te parle. Écoute-moi bien : tu vas descendre et ouvrir la porte du sauna à ton père. M'entends-tu ? Bon... tu vas obéir tout de suite. On n'est pas des enfants... T'entends ?
Marie-Claire, d'un ton calme.
— Il viendra pas.

Michel
— Comment le sais-tu ?

Marie-Claire
— Il veut qu'on s'explique...

Michel, excédé.
— Expliquer quoi ? Il y a rien à expliquer.

Marie-Claire
— Il viendra pas, je te dis.

Michel, lui serrant les bras.
— Comment peux-tu être si sûre qu'il viendra pas ? Hein ? Hein ?

Marie-Claire
— Laisse-moi !

Michel
— T'es de mèche avec lui, hein... ? C'est une conspiration, hein ?

Marie-Claire
— Lâche-moi !

Michel
— C'est ton idée, ça, le sauna, hein ?

Marie-Claire
— C'est pas mon idée... Tu me fais mal ! *Comme elle est plus forte que lui, elle réussit à lui faire lâcher prise.* Mais c'est une maudite bonne idée...

Michel
— J'ai pas d'explication à donner à personne. On n'est pas mariés, juste accotés, et c'est toi-même qui as voulu ça... pour pouvoir se séparer facilement quand ça aura assez duré !... Ce sont tes propres paroles.... Eh bien, ça a assez duré, et c'est pas un sauna qui... D'ailleurs, Serge va venir me sortir d'ici... *Il crie.* Serge... Tout de suite... Serge... Viens me sortir d'ici ou... ou je te déshérite !

Marie-Claire rit.
— La dernière fois que j'ai entendu ça, c'était dans un film français en noir et blanc, avec Raimu !

Michel crie toujours.
— Serge ! Serge ! J'ai chaud... là ! Il s'éponge le front.

Marie-Claire
— Évidemment, si tu cries...

Michel se tait et va s'asseoir le plus loin possible de Marie-Claire. Marie-Claire enlève sa veste. Michel enlève son blouson. Il se regardent comme chien et chat.

Dans la cuisine, Serge prend un pot marqué « noix », il l'ouvre et croque une chip.

Serge
— J'en garde à la maison, en cas de crise ! O.K., c'est une idée de fou, le sauna, mais... quand j'ai vu que mon père avait mis le Grand Canyon entre elle et lui, j'ai tout de suite pensé à moi quand j'étais petit. Je rêvais, moi, de me retrouver tout seul avec lui, naufragé sur une île déserte ; je me disais : « Il serait bien obligé de me parler, pas des troubles en Israël, mais de lui puis de moi... » Le sauna, c'est leur île déserte ! On écoute-tu, voir... pas longtemps... s'il fait effet ? Chut...

Il ouvre l'interphone. Pas un son. Il attend. Pas un son. Il referme l'interphone.

Serge
— Si tous les grands de ce monde discutaient du sort de l'humanité dans un sauna, il n'y aurait pas de guerres. Les peuples s'expliqueraient... Pourquoi ils parlent pas ?

Il ouvre l'interphone.

Serge
— Allô ! Allô ! Ici Serge. Le sauna est à quelle chaleur ? Le thermomètre est à gauche... Eh bien, je le monte de dix degrés si dans quelques secondes vous commencez pas à vous expliquer. Et je suis sérieux. « Roger » !

À l'intérieur du sauna, Michel transpire. Il s'éponge, et cette fois il enlève son chandail. Il lui reste encore une chemise. Marie-Claire enlève son chandail aussi, elle est en soutien-gorge.

Marie-Claire
— Fait chaud...

Michel
— Garde ton chandail.

Marie-Claire
— On est tout seuls tous les deux.

Michel
— On sait jamais, il y a peut-être une caméra cachée...

Marie-Claire
— Es-tu fou ?

Michel
— Il te trouve assez à son goût.

Marie-Claire
— Qui ?

Michel montre une hypothétique caméra cachée.
— Lui...

Marie-Claire
— Serge ? Ton fils ?

Michel
— Oui, Serge ! C'est pas parce que c'est mon fils qu'il est aveugle.

Marie-Claire
— C'est pas pour ça que tu me laisses? C'est pour ça que tu me quittes, parce que je m'entends bien avec ton garçon, qu'il s'entend bien avec moi? T'aurais aimé mieux qu'on ait la classique relation belle-mère, beau-fils: à couteaux tirés? Je le trouve fin, il me trouve fine. T'es jaloux?

Michel
— Je suis pas jaloux! La jalousie, c'est trop ignoble.

Marie-Claire
— Écoute-moi bien, docteur Clermont: la seule chose qui est pire que la jalousie, c'est de faire semblant qu'on ne l'est pas quand on l'est.

Michel
— Je le suis pas, mais je suis pas idiot, je te regarde avec lui... vous faites un beau couple... c'est vrai... vous êtes du même âge...

Marie-Claire
— C'est toi que j'aime, Michel.

Michel
— T'as toujours ce mot-là à la bouche.

Marie-Claire
— Il me sort du cœur, faut bien qu'il passe par là... Je t'aime...

Michel
— Arrête!

Marie-Claire
— Je ressens pour toi ce que les saints devaient ressentir pour Jésus-Christ.

Michel
— Tu dis des folies.

Marie-Claire
— Bien, oui, je suis folle...

Michel connaît le refrain.
— De moi.

Marie-Claire
— De toi... Je suis en amour jusqu'aux oreilles...

Elle rampe jusqu'à lui et l'entoure de ses bras.

Michel
— Tu peux pas m'aimer.

Marie-Claire
— Pourquoi je peux pas t'aimer ?

Michel
— Parce que !... Et puis j'ai chaud... et puis je veux sortir d'ici...

Michel va à l'interphone, l'ouvre.

Michel
— Allô ! Allô ! Serge, ici ton père. Serge, j'ai été un bon père pour toi, je t'ai laissé libre de faire ce que tu voulais, je pense que tu dois aujourd'hui respecter ma liberté. Je te demande de me sortir d'ici. M'entends-tu ?

Marie-Claire
— Dis « Roger ».

Michel
— Il s'appelle Serge. Pourquoi ?

Marie-Claire
— Parce que c'est comme ça...

Michel
— « Roger » !

Dans la cuisine Serge, mange ses chips.

Serge
— Allô ! Allô !... Ici Serge... T'as été un bon père parce que tout ce que t'as fait pour moi c'était

pour mon bien... Eh bien, c'est pour ton bien que je t'enferme dans le sauna avec ta blonde. Tu me remercieras plus tard. « Roger ».

Dans le sauna, Michel, furieux, se promène de long en large ; il transpire de plus en plus.

Marie-Claire, très douce.
— Il veut juste que tu m'expliques pourquoi tu me laisses.

Michel
— Ça le regarde pas !

Marie-Claire
— Lui, non, mais moi, oui ! On a passé quatre belles années ensemble, les plus belles années de ma vie.

Michel, buté.
— Ça se peut pas.

Marie-Claire
— C'était pas des belles années ?

Michel
— Pour moi, oui.

Marie-Claire
— Pour moi aussi.

Michel
— Tu me feras pas accroire que t'aimes ça, vivre avec moi...

Marie-Claire
— J'adore ça...

Michel
— C'est pas vrai. Avant moi, t'allais danser, t'allais en ski, t'avais des amies de ton âge, t'avais du plaisir...

Marie-Claire
— J'ai « le » plaisir...

Elle s'avance vers lui, veut l'embrasser... Michel recule aussitôt.

Michel
— Non ! Non !

Marie-Claire
— Quand on a « le » plaisir, on a tous les plaisirs.

Michel, la repoussant.
— Je te parle sérieusement.

Marie-Claire
— Moi aussi. Le plaisir, c'est sérieux... Tu penses que je m'ennuie avec toi, c'est ça ?

Michel
— Je pense que c'est pas une vie pour toi... qui es si... qui es tant... qui es trop... moi qui suis si peu, pas assez... rien que...

Marie-Claire
— J'aime la vie que je mène.

Michel
— Menteuse.

Marie-Claire
— Je te mens ?

Michel
— Pas à moi, à toi !

Marie-Claire
— Jamais avant toi j'ai aimé comme ça.

Michel
— C'est pas une référence. À chaque fois qu'on aime, on aime autrement.

Marie-Claire
— Je te préfère aux autres que j'ai connus avant toi.

Michel
— On sait bien, le dernier est toujours le meilleur !

Marie-Claire
— Tu veux me faire choquer?

Michel
— C'est pas moi qui ai commencé, c'est toi. Moi, je voulais qu'on se sépare en toute amitié, en toute civilité.

Marie-Claire marmonne.

Michel
— Quoi? Qu'est-ce que tu dis?

Marie-Claire
— T'es mieux de pas le savoir.... Ça te ferait rougir... *Elle enlève ses bas.* J'ai chaud. Déshabille-toi aussi... *Elle lui enlève ses souliers.*

Michel
— Non... fais pas ça ... non!

Marie-Claire
— Aie pas peur, je sauterai pas sur toi... *Elle s'aperçoit qu'il a ses bas de laine.* T'as tes bas de laine...! Il fait... *(elle va voir le thermostat)* soixante.

Michel
— Ça fait combien?

Marie-Claire
— Cent trente, à peu près... Enlève tes bas, là!

À ces mots, Michel se cache les pieds sous la banquette.

Michel
—Je suis pas ton enfant.

Marie-Claire
— Ben oui, t'es mon enfant, et tu le sais très bien... Enlève tes bas. Je l'ai déjà vu, ton oignon... En quatre ans, tu penses...! Même que je l'aime... Je t'aime, toi et toutes tes excroissances.

Michel
— Chut! Serge peut t'entendre.

Marie-Claire
— Quoi ? Il doit bien savoir que je t'aime pas juste pour ton titre de docteur et ton argent, mais pour ton corps... *Elle le caresse.*

Michel
— T'es effrayante...

Marie-Claire
— Et c'est parce que j'aime ton corps que tu m'aimes... que tu m'aimais... Tu dois plus m'aimer puisque tu me quittes. Si c'est ça, dis-le...

Michel marmonne.

Michel, bas et vite.
— Tu sais très bien que je t'aime, je suis fou de toi...

Marie-Claire
— La nouvelle conjugaison du verbe aimer : je t'aime, tu m'aimes, on se quitte...

Michel se frotte un œil.
— Aïe, aïe, aïe...

Marie-Claire
— Qu'est-ce que t'as ?

Michel
— Rien.

Marie-Claire
— Quoi ? Dis ?

Michel
— Mes yeux...

Marie-Claire
— Une poussière ?

Michel
— Non... Je vois tout embrouillé... Aïe je vois quasiment plus clair... Amène-moi à l'interphone...

*Marie-Claire l'aide à se diriger jusque-là. Elle s'in-
quiète.*

Marie-Claire
— Qu'est-ce que t'as ?

Michel actionne l'interphone.
— Allô ! Allô ! Serge... Ton père est en train de
devenir aveugle... Viens le sortir... « Roger » !

Dans la cuisine, Serge croque toujours des chips.

Serge
— Allô ! Allô ! Ici Serge... J'ai oublié de te dire,
papa : faut pas garder des verres de contact dans
le sauna. « Roger ».

Marie-Claire
— T'as pas de verres de contact ! As-tu des ver-
res de contact...? T'as des verres de contact ?
Toi ?

Michel
— Il va me payer ça, lui ! Il perd rien pour attendre !

Marie-Claire
— Tu portes des verres de contact, toi ? Depuis
quand ?

Michel
— Je peux pas avoir de vie privée, hein ?

Marie-Claire
— Pourquoi tu me l'as pas dit ?

Michel
— T'as pas besoin de tout savoir.

Marie-Claire
— Pourquoi tu me l'as pas dit ? Je t'ai bien dit,
moi, que je m'étais fait enlever l'appendice...
Pourquoi..?

Michel
— Parce que !

Marie-Claire
— Elle est forte...! Pendant quatre ans, tu m'as joué la comédie... Tu m'as trompée... *Michel se frotte les yeux de plus belle.* Enlève-les s'ils te font mal...

Michel
— Regarde dans mon blouson... À l'intérieur, une petite boîte... d'allumettes...

Marie-Claire fouille dans la poche intérieure de son blouson, en sort la petite boîte d'allumettes.

Michel
— Ouvre!

Elle découvre une boîte à verres de contact.

Marie-Claire
— Franchement!

Michel
— Vite!

Marie-Claire lui donne la boîte. Michel se cache pour enlever ses verres de contact et les range. Puis, après s'être frotté les yeux, il la regarde, un peu honteux de lui avoir menti.

Marie-Claire
— C'est bébé, ça...

Michel
— Les bébés portent pas de verres de contact.

Il va s'asseoir loin d'elle. Il a de plus en plus chaud.

Marie-Claire
— Enlève tes bas!

Michel
— Non.

Marie-Claire
— Enlève-les donc !

Michel
— Tu veux savoir pourquoi je te quitte ? C'est à cause de ça !

Marie-Claire
— Tes verres de contact ou tes bas ?

Michel
— Mes verres de contact, mes bas !

Marie-Claire
— Tu parles goutte à goutte... Envoye, arrose !

Michel
— Je sais pas si je dois commencer par les yeux ou par les pieds...

Marie-Claire
— Commence par le haut... Tu me quittes parce que tu portes des verres de contact. C'est-tu ça ?

Michel
— Pourquoi je porte des verres de contact, tu penses ?

Marie-Claire
— Pour mieux me voir, comme le loup du Petit Chaperon rouge.

Michel
— Je porte des verres de contact pour pas avoir besoin de porter des lunettes, puis j'haïs ça, les verres de contact ! J'ai toujours le double foyer qui se promène, quand c'est pas le verre qui fuit sous la paupière, quand c'est pas les poussières qui se ramassent entre le verre et l'œil, quand y en a pas un qui tombe dans ma soupe, puis...

Marie-Claire, démontée.
— Et ce serait pour ça que tu me quitterais ?

Michel
— Parce que tu me forces à porter des verres de contact !

Marie-Claire
— J'ai pas pu te forcer ! Je le savais même pas, que t'en portais.

Michel
— Si je te connaissais pas, je porterais des lunettes de corne, comme tout le monde.

Marie-Claire
— Portes-en ! J'aime ça, les lunettes. Je pourrais te les enlever avant de faire l'amour... Ce serait excitant... Tu sais comme j'aime te déshabiller...

Elle s'approche de lui mais il la fuit.

Michel
— J'aime pas mieux les lunettes.

Marie-Claire
— Porte rien ! Je serai ta canne blanche...

Michel, découragé.
— Je le savais que ça servait à rien de s'expliquer. Je te parle raison, tu me réponds amour.

Marie-Claire
— J'ai pas compris les verres de contact ; essaie les bas.

Michel
— Quels bas ?

Marie-Claire
— Les bas dans les pieds...

Michel
— C'est dans le même esprit...

Marie-Claire
— Que quoi ?

Michel
— Que les verres de contact.

Marie-Claire
— Un psychiatre verrait peut-être un rapport entre les yeux, les pieds et l'amour...

Michel
— Mon oignon.

Marie-Claire
— Puis...?

Michel
— J'ai un oignon.

Marie-Claire
— Je le sais. Puis...?

Michel
— T'as pas d'oignon, ça paraît.

Marie-Claire
— J'ai un cor. Ça fais-tu pareil?

Michel
— Je suis fatigué de garder mes bas pour regarder la télévision le soir avec toi, de toujours avoir un bout de couverture sur mes pieds la nuit pour cacher mon oignon. Je suis rendu que je marche quasiment les pieds en dedans pour pas que tu le voies, mon oignon.

Marie-Claire
— Penses-tu que je remarque ça, un oignon?

Michel
— Je comprends! Je passe ma vie à te le cacher... Puis je te cache bien d'autres choses...

Marie-Claire
— T'es une fille!

Michel
— Je suis sérieux, Marie-Claire.

Marie-Claire
— Qu'est-ce que tu me caches?

Michel
— Mes mains.

Marie-Claire
— Non...!.

Michel
— Je te montre juste le dedans...

Il lui montre ses paumes.

Marie-Claire
— C'est bien trop vrai... Pourquoi?

Michel retourne ses mains.

Marie-Claire
— Elles sont belles.

Michel
— Elles sont vieilles.

Marie-Claire
— Des mains qui ont du vécu.

Michel
— Et des plis de crocodile et des taches de cholestérol et des grosses veines bleues...!

Marie-Claire
— C'est beau...

Michel
— Et je te parle pas du reste.

Marie-Claire
— T'as des beaux restes.

Sitôt ces mots prononcés, elle s'aperçoit de sa gaffe.

Marie-Claire
— C'est pas ça que j'ai voulu dire... Je m'excuse... je te demande pardon... Ah! *Elle se donne une tape sur la joue.* Gaffeuse que je suis!

Michel
— T'es pas gaffeuse, tu vois juste... C'est pour ça que je te quitte... Parce que je suis... des restes... et qu'un appétit comme le tien peut pas se contenter des restes.

Marie-Claire
— Là, moi, j'ai chaud, hein !

Elle enlève sa jupe, elle est en sous-vêtements de dentelle. Michel la regarde, troublé.

Michel
— Maintenant qu'on s'est expliqués.

Il va à l'interphone. Marie-Claire l'attrape, l'assoit près d'elle.

Marie-Claire
— Tu te déshabilles.

Michel
— Non... Je veux pas...

Marie-Claire
— Ta chemise est mouillée...

Michel
— Non !

Marie-Claire
— On n'a pas fini de se parler. J'ai pas fini de te parler, je commence. Enlève ta chemise, je les ai vus, les poils blancs sur ta poitrine, j'ai vu ton « tire », ta peau qui ratatine, j'ai tout vu. J'ai des bons yeux, moi, et j'aime tout... tout ce qui est toi... j'aime ça... *Elle le caresse.*

Michel
— Tu peux pas aimer ça, c'est laid... Moi je trouve pas ça beau, alors...

Marie-Claire
— De la belle peau dure puis fine puis jeune, j'en ai touché déjà, il y avait rien en dessous. Mais avec toi, au diable l'emballage, c'est le cadeau en dedans qui m'excite.

Michel
— Mon corps est devenu laid. Si tu m'avais vu avant...

Marie-Claire
— Je t'ai pas vu avant, mais quand je t'ai vu
après... je l'ai aimé, ton corps.

Michel
— Tu peux pas trouver mon corps beau.

Marie-Claire
— Veux-tu le voir, que t'es beau ? Regarde-moi
dans les yeux...

Elle le regarde avec amour. Il lui cache les yeux.

Michel
— L'amour est aveugle.

Marie-Claire se dégage, va vers l'interphone.

Marie-Claire
— Dix quatre ! Dix quatre ! Serge, c'est Marie-
Claire. Si t'entends crier, énerve-toi pas, c'est
que je serai en train d'étriper ton père...
« Roger ».

Marie-Claire, s'avançant vers Michel.
— Je t'aime.

*Et elle se met en frais de l'étendre sur le banc. Comme
elle est plus forte, Michel se retrouve vite couché sur le
banc. Marie-Claire l'étreint.*

Marie-Claire
— Je t'aime, toi ! C'est toi que j'aime... !

*Elle défait sa ceinture et tente de lui enlever son panta-
lon.*

Michel
— Marie-Claire ! Marie-Claire ! Voyons !

Marie-Claire
— On fera pas de bruit.

Michel
— NON!

Il la repousse. Voyant cela, Marie-Claire va s'asseoir dos au mur, loin de lui.

Michel, gentiment.
— Il fait trop chaud pour faire l'amour!

Marie-Claire
— Bon, une nouvelle excuse! Ça change des autres...

Michel
— C'est pas bon, faire des efforts dans un sauna.

Marie-Claire
— Depuis un mois, ç'a été: «Je suis fatigué», puis «J'ai mal à la tête», puis «J'ai trop bu de vin»... Puis ç'a été: «Il y a pas juste ça, dans la vie, faire l'amour»... Puis ç'a été: «L'abstinence, ça revient à la mode»... Là, c'est: «Il fait trop chaud»... *Elle va vers lui.* Dis-le, que tu me désires plus... Dis-le, au lieu de tourner autour du pot... Dis: «Je te désire plus, Marie-Claire»...

Michel
— Je peux pas dire ça...

Marie-Claire
— Dis-le!

Elle le secoue.

Michel, baissant et les yeux et la voix.
— Je suis plus capable.

Marie-Claire
— Quoi?

Michel
— Je suis plus capable...

Marie-Claire
— Hein...? Je comprends pas... Qu'est-ce que t'as dit?

Michel, en criant.
— Je suis plus capable!... Je peux plus faire
l'amour.

Marie-Claire
— Tu veux plus!

Michel
— Obstine-moi pas, c'est moi qui le sais et je
suis médecin en plus, et...

Marie-Claire
— T'as commencé à avoir le mal de la couchette
le jour où je suis arrivée avec mon stérilet en
boucle d'oreille.

Michel
— Je veux pas parler de ça! C'est trop chaud...
J'étouffe.

Marie-Claire
— T'es bien capable de t'envoyer une crise car-
diaque juste pour pas m'expliquer pourquoi tu
veux pas me faire un enfant! Pourquoi tu veux
pas me faire d'enfant?

Michel, définitif.
— J'ai pas de raison à donner... Je veux pas,
c'est tout...

Marie-Claire comprend qu'il ne cédera pas.
— O.K. Restons ensemble, puis je vais me le
faire faire... par...

Michel
— Qui?

Marie-Claire
— Par insémination artificielle! *Elle est flattée par
sa jalousie.*

Michel va à elle.
— Regarde-moi bien... Je veux pas d'enfant!

Marie-Claire
— Pourquoi?

Michel
— Je suis trop vieux.

Marie-Claire
— Regarde Charlie Chaplin...

Michel
— Regarde Michel Clermont ! Le vois-tu père... ?
J'ai l'âge d'être grand-père...

Marie-Claire
— T'es pas trop vieux. Les hommes...

Michel
— Je suis trop vieux : pas pour le faire, l'enfant,
mais pour me lever la nuit, pour l'entendre
pleurer, pour le changer de couche.

Marie-Claire
— Je veux un enfant de notre amour.

Michel
— Il n'y aura pas d'enfant de notre amour, et
c'est définitif...

Il se retire.

Marie-Claire, conciliante.
— Pour faire un enfant, faut être deux. T'en
veux pas ? J'en aurai pas. Tu passes avant un
enfant que je connais même pas. O.K., j'enlève
mon stérilet de l'oreille, je le fais remettre à sa
place... Je t'en reparle plus jamais...

Michel
— Je te connais ! Quand tu veux quelque chose...
Tu m'en reparleras pas, de l'enfant, mais tout
ton corps va tellement me le réclamer que je
vais finir par le faire, puis je veux pas.

Marie-Claire
— Fais-toi vasectomiser...

Michel
— Je suis trop vieux. Tu vois ? Faut se quitter...
Trouve-toi un gars de ton âge. Tu vas pouvoir

avoir des enfants, fonder une famille, ça va être plus normal... C'est pas pour rien que les couples ont deux à trois ans de différence ; c'est que c'est plus logique pour fonder une famille. Un couple de vingt-cinq ans de différence, ç'a pas d'allure. D'ailleurs, faut voir le monde nous regarder quand on est ensemble. Je peux lire sur leur visage ce qu'ils pensent : «Ou bien c'est un père avec sa fille, ou bien c'est un vieux cochon avec sa maîtresse, ou bien elle reste avec lui pour son argent»... *Soudain, il a très chaud.* Puis j'ai chaud... puis j'étouffe... puis j'ai donné assez d'explications... Je veux sortir d'ici. On s'entend, là... On s'est expliqués... Tu comprends pourquoi on se quitte... C'est correct, là ? *Il va jusqu'à l'interphone.*

Marie-Claire
— On se quitte pas ! Je t'aime !

Michel
— Ah non ! C'est insupportable ! J'ai soif... Ça peut être très dangereux, le sauna...

Marie-Claire, agressive.
— Dangereux à ton âge, pas au mien, parce que, c'est clair, moi je suis jeune, toi t'es vieux !

Michel, surpris.
— C'est ça, oui !

Marie-Claire
— Et si j'ai bien compris, c'est pour ça que tu me quittes : parce qu'il arrive que t'es né quelques années avant moi.

Michel
— Pas parce que je suis né quelques années avant toi, parce que je suis né vingt-cinq ans avant toi.

Marie-Claire
— Qu'est-ce que c'est, vingt-cinq ans, soda à pâte ?

Michel
— Un an, deux ans, trois ans, quatre ans, cinq ans, six, sept, huit...

Marie-Claire
— C'est des chiffres, ça ; ça veut rien dire... L'âge, c'est une question de feeling... Je me sens plus vieille que toi, souvent...

Michel
— Tu sais pas ce que tu dis. Moi, je sais ce que c'est, être jeune, je l'ai déjà été ; toi, tu peux pas savoir ce que c'est, être vieux.

Marie-Claire
— Arrête de radoter, t'es pas vieux.

Michel
— J'ai 56 ans ; dans quatre ans, j'aurai 60 ans ; dix ans après, 70 ; dix ans après, 80, si jamais je me rends jusque-là.

Marie-Claire
— Toi, tu vas vivre cent ans, t'es tellement en forme.

Michel
— Je suis en forme extérieurement. En dedans, j'ai 100 ans rien qu'en dimanches. En dedans, je suis un petit vieux qui cherche sa chaise berçante pour bercer ses dernières années. Puis au lieu de me bercer, qu'est-ce que je fais ? Je jogge. Tous les matins jusqu'à ce que mort s'ensuive, je fais du Nautilus, trois fois par semaine, mon père, comme si j'avais tant péché qu'il me fallait une telle pénitence. La mise en forme est en train de me tuer. Puis je suis écœuré de prendre de la vitamine C pour ci, de la vitamine E pour ça. Puis je suis écœuré de me rentrer le ventre, de me sortir les pectoraux. Je suis tanné de suivre un régime. Je veux manger tout ce qui engraisse puis finir gras et content. *Marie-Claire ne peut s'empêcher de rire, même si Michel poursuit.*

Si je suis drôle, c'est involontaire. Ça aussi, je suis bien tanné d'être drôle et intéressant et dans le vent pour qu'on puisse dire : « Il est vieux mais il est le fun. » Je veux être vieux, ennuyant et haïssable. Ça m'a pris cinquante-six ans pour acquérir le droit d'être moi-même, laisse-le-moi !

Marie-Claire
— Je vais t'aimer pareil.

Michel
— T'es jeune !

Marie-Claire
— Je m'excuse, c'est pas de ma faute !

Michel
— Excuse-toi pas. C'est moi qui devrais m'excuser de pas avoir l'âge des annonces de la télévision.

Marie-Claire, presque suppliante.
— J'ai découvert que j'avais un cheveu blanc, je l'ai vite coupé pour qu'il en repousse dix ; tu vas voir, je vais te rejoindre...

Michel
— T'arriveras pas à me rejoindre, jamais... Ôte-toi ça de l'idée, j'ai trop d'avance.

Marie-Claire
— Je vais me dépêcher, je vais mettre les bouchées doubles, je vais brûler la chandelle par les deux bouts... Je vais fumer...

Michel
— C'est trop difficile, nous deux. Je suis obligé d'essayer d'être ce que je suis pas : jeune.

Marie-Claire, en larmes.
— Qu'est-ce que je vais faire... ? J'aime pas les jeunes.

Michel
— Ah, pleure pas !

Marie-Claire, orgueilleuse.
— Je pleure pas, c'est mes yeux qui suent.

Serge, dans la cuisine, regarde l'interphone. Il est inquiet.

Serge
— Ça fait bien trois quarts d'heure qu'ils mijotent. D'après vous, ils sont cuits ou pas...? Vous savez, papa... j'aimerais bien qu'il continue à vivre avec Marie-Claire. Depuis qu'il la connaît, il a changé. Avant, il souriait jamais. Depuis qu'il vit avec elle, il sourit tellement que j'ai découvert qu'il lui manquait une dent de côté. J'avais jamais vu le trou avant. C'est-tu avoir la gueule fendue jusqu'aux oreilles à votre goût ? Puis lui qui marchait comme s'il nageait le crawl, il s'est redressé. Il a rajeuni, faut dire le mot. Puis là, il veut la laisser. Il faut pas... S'il perd Marie-Claire, c'est vingt-cinq ans qu'il prend d'un coup, puis ça le mène dans les 80 ans... Faut pas...

Il ouvre l'interphone et n'entend rien.

Serge
— Ils parlent pas. Pourquoi ils parlent pas...? J'ai peut-être mis la chaleur trop forte... Allô ! Allô ! Ici Serge... Allô ! Allô ! Ici Serge...

Voix de Michel
— Allô ! Allô ! Serge... Ici ton père... Laisse-nous tranquilles ! « Roger » !

Serge
— Qu'est-ce qui se passe ?

Dans le sauna, Marie-Claire et Michel sont dans les bras l'un de l'autre.

Marie-Claire
— Si j'aime ça, moi, que t'aies vingt-cinq ans de plus que moi ?

Michel
— J'aime pas ça que t'en aies vingt-cinq de moins.

Marie-Claire
— Qu'est-ce que ça fait ?

Michel
— Ça fait que, avant, je pensais jamais au temps... Je suis devenu obsédé par le temps.

Marie-Claire
— La température ?

Michel
— Non... Le temps que j'ai à vivre, le temps qu'il me reste à vivre... Il me reste plus beaucoup de temps...

Marie-Claire
— Justement, faudrait en profiter.

Michel
— L'amour a besoin de temps... Tiens... j'ai besoin de t'aimer pour la vie, pour longtemps, et qu'est-ce que c'est, pour moi, la vie ? Longtemps, c'est dix ans, quinze ans maximum. Ça me rend malade. J'aurais voulu qu'on ait trente ans de vie ensemble au moins.

Marie-Claire
— Si tu veux, je peux te faire vivre trente ans en dix ans.

Michel
— Je cours après le temps comme il y en a d'autres qui courent après leur souffle. Avant, j'avais tout le temps ; là, je l'ai plus... et j'en suis conscient.

Marie-Claire
— C'est grave, ça ?

Michel
— C'est douloureux... Avant de te connaître, je pensais jamais à mon âge, et c'est rendu que j'y

pense tout le temps. Je te regarde me regarder, et tout ce que je pense, c'est : « Elle voit mes rides, la peau de mon cou qui plisse... Comment peut-elle aimer ça, embrasser ça... ? » Ça fait mal, Marie-Claire, ça fait tellement mal...

Marie-Claire
— Pauvre amour, tu fais bien pitié...

Michel
— On pense que sortir avec une jeune ça fait oublier qu'on vieillit. Non. J'ai jamais tant pensé à mon âge que depuis que je sors avec une fille de ton âge.

Marie-Claire
— C'est drôle, moi je pense jamais que je suis jeune, je pense que je suis en amour. L'amour n'a pas d'âge.

Michel
— L'amour a un âge comme la beauté a un âge... C'est comme le lait : passé telle date, t'es périmé, t'es passé dû, bon pour la poubelle.

Marie-Claire
— T'es complètement gaga !

Michel
— Je te le fais pas dire.

Marie-Claire se donne une tape sur la joue.
— Gaffeuse !

Michel
— Lucide !

Marie-Claire
— Je t'aime.

Michel
— J'ai été aveugle, je vois clair maintenant. Toi et moi c'est une folie, et je veux pas mourir fou.

Marie-Claire
— Faut être fous. L'amour, c'est la confiance, et seuls les fous ont confiance.

Michel
— C'est un trop grand risque, l'amour.

Marie-Claire
— Aimer, c'est toujours un risque, mais à ne jamais prendre de risques, on risque de pas être heureux.

Michel
— Je le suis pas, heureux. Je souffre.

Marie-Claire
— Celui qui ne risque pas de souffrir, risque de ne pas aimer.

Michel
— Tu parles comme une petite fille qui ne connaît de l'amour que les romans à l'eau de rose...

Marie-Claire se plante devant lui.
— Puis toi, tu parles d'or, je suppose, parce que tu l'as, l'âge d'or! Aïe, ce qui m'écœure, moi, des gens de ton âge, c'est qu'ils font flèche de tout bois. Ils sont jeunes quand ça les arrange, puis vieux quand ça fait leur affaire! Ils nous servent leur expérience à grands coups de louche à soupe, puis quand on en parle, nous autres, de leur âge, ça les choque... Puis menteurs à part de ça: les tablettes de chocolat étaient plus grosses, la crème plus épaisse, le blé d'Inde avait dix-huit rangs, puis les étés étaient plus chauds... Aïe!... Puis illogiques avec ça: si c'était le bon temps dans votre temps, pourquoi vous êtes si jaloux de nous autres? Aïe, c'est pas cool, les vieux! C'est comme nous deux: O.K., c'est pas régulier comme couple, mais tu réponds à mes besoins dans le moment... et je réponds aux tiens; ç'a rien à voir avec l'âge, ça. On a besoin l'un de l'autre, puis c'est tout. Mais toi, faut que tu penses à l'avenir, faut que ce soit « à la vie, à la mort », nous deux. On s'aime, là, on est bien, là... Le temps que ça dure, c'est parfait! Toi, faut que t'arrêtes le temps ou que tu l'allonges ;

t'es pas capable de le prendre, le temps.
L'amour, ça se conjugue au présent. C'est tout
de suite que je t'aime ; c'est pas pour dans vingt
ans... C'est là, on le prend pendant que ça passe,
on le perd pas à jouer à quitte ou reste. L'amour,
c'est un cadeau... T'as appris ça, dans ton jeune
temps, à accepter les cadeaux ? Il te reste des
choses à apprendre, hein ? Puis l'affaire de l'âge,
c'est comme le gars qui a les oreilles décollées :
s'il en parle pas, on y pense pas ; s'il en parle
tout le temps, tout le monde voit que ça... Arrête
d'en parler, de ton âge. Moi, je le vois pas, je le
sens pas. Me le rappelle pas à toutes les deux
minutes... Je te rappelle que je suis jeune, moi !...
C'est fatigant, ça ! *Elle se rassoit.* Là, il fait chaud,
j'ai sué tout ce que j'avais à suer, je me suis
expliquée, tu t'es expliqué, qu'est-ce qu'on fait
là ? On se quitte-tu en cas que... peut-être... un
jour, je t'aime moins parce que t'auras un poil
blanc de plus ou que j'aurai dans ma vue la vue
de ton oignon... ou bien si on reste ensemble
puis on s'aime chaque jour sans penser à dans
dix ans, dans vingt ans ? Décide... Moi, en tout
cas, c'est décidé : je reste avec toi aujourd'hui,
parce qu'aujourd'hui je t'aime. Qu'est-ce que tu
fais, toi ?

Michel, touché.
— C'est donc vrai que tu m'aimes ?

Marie-Claire
— Je t'aime.

Michel
— Je peux pas accepter un tel cadeau. Tu es un
trop beau cadeau...

Marie-Claire est devant lui, debout, offerte.

Marie-Claire
— Prends-le puis dis merci, sinon je vais me
tanner, je vais l'offrir à quelqu'un qui sait apprécier.

Michel la prend dans ses bras.

Michel
— Merci... oh ! merci... merci... ah ! merci...
merci...

Marie-Claire
— C'est assez... Je suis pas un si beau cadeau
que ça.

Michel
— Tu m'aimes, moi ?

Marie-Claire
— Je t'aime, toi... parce que c'est toi... tel que tu
es, toi... à l'âge que t'as, toi !

Michel
— Ç'a pas de bon sens, mais je t'aime, toi, telle
que tu es, toi... à l'âge que t'as, toi.

Marie-Claire
— Merci... merci... merci... merci...

Ils s'embrassent, rient, se caressent.

Serge
— Vingt minutes... Aïe ! faudrait quand même
pas qu'ils se déshydratent... *Il ouvre l'interphone.*
Allô !.. Allô ! Ici Serge... Papa... Marie-Claire...
Qu'est-ce que vous faites, là... ? Papa... Réponds,
papa...

*Michel et Marie-Claire font l'amour dans la chaleur,
dans la sueur.*

Serge, *aux téléspectateurs.*
— J'ai jamais su ce qui s'était passé dans le sauna.
Ils sont sortis de là comme sur un nuage, ils
sont passés devant moi sans me voir, ils sont
entrés dans la douche, ils sont restés là dix minutes, ils sont sortis... Marie-Claire m'a embrassé
sur la bouche, papa aussi. Savez-vous quoi ? Je

pense à ouvrir un salon de saunas pour couples en difficultés. Un genre de thérapie par la sueur.. C'est pas bête... C'est bon... « Évacuez l'agressivité conjugale »... C'est une bonne idée ! Génial !

À l'hôpital, dans son bureau, Michel regarde la photo d'il y a quatre ans sur son pupitre.

Michel, aux téléspectateurs.
— J'essaie de vivre notre amour au jour le jour ; c'est pas facile. On dirait que l'amour, ç'a besoin de se nourrir de demains, d'après-demains, pour vivre. J'essaie, mais il y a une chose que j'ai décidée, le jour où je me sentirai malade ou impuissant, ou radotant, je quitterai Marie-Claire. Comme ça, je serai sûr de la quitter avant qu'elle me quitte, et je serai sûr qu'elle se retrouvera pas à pousser ma chaise roulante. Je veux pas ça. Non !

Dans la maison d'Outremont, dans le salon, Marie-Claire est assise sur le divan, sous la photo d'il y a quatre ans.

Marie-Claire, aux téléspectateurs.
— J'arrive de la Clinique du sein, je suis allée passer des examens. Il paraîtrait que j'ai une bosse... énorme. Il va peut-être falloir que je me fasse enlever un sein... Non, Michel le sait pas... Je veux pas lui dire, j'ai trop peur qu'il veuille pas d'une mutilée, d'une malade. La vie est bête, hein ?... Lui qui voulait me laisser parce qu'il voulait pas que je prenne soin de lui, c'est lui qui va prendre soin de moi... peut-être...

L'Amour
et le sida

Véronique Charbonneau, puéricultrice, 28 ans.

Louis Charbonneau, mari de Véronique, 38 ans.

Sylvie Rondeau, sœur de Véronique, 18 ans.

Guy Dumais, médecin généraliste.

Dans un Holiday Inn, à New York, Louis Charbonneau est étendu, nu, sur le lit. Sa compagne, une call-girl, peut voir qu'il la désire ardemment.

Louis
— Ah, come on, don't be fussy. Come on, baby!

La call-girl
— I like making love but not enough to die for it. Get it on.

Et elle déchire l'enveloppe d'un condom.

Louis implore.
— Baby, come on, be a sport!

La call-girl lui tend le condom.
— Without protection, it's not a sport, it's suicide, man.

Louis
— Ah, come on, I am not from here, I am from Quebec.

La call-girl
— Well, I am from Cleveland and I want to go back there in ten years, get married and have children, so...

Louis lui tend les bras et les jambes.
— Come on, it will only take a few minutes. Please.

La call-girl insiste.
— It takes only a few seconds to put it on. Please.
Louis, voyant qu'elle ne cédera pas.
— O.K., d'abord... Maudite affaire !

Il prend le condom, l'enfile.

Louis
— Ah ! j'haïs ça, c'maudite affaire-là !
La call-girl se faufile dans le lit.
— Now, we're playing safe. Ah darling ! Ah, mon amour, mon chéri ! Oh la la ! L'amour, toujours l'amour ! Ah...
Louis
— Ah, shut up !

Et il la prend comme on enfonce un clou.

En même temps, à Montréal, un autobus identifié « Québec » arrive au terminus Voyageur. Sylvie Rondeau en descend. Elle se dirige vers la salle d'attente et aperçoit sa sœur, Véronique Charbonneau. Elles se regardent et s'embrassent.

Pendant ce temps, à New York, Louis sort quelques billets verts de son portefeuille et les jette négligemment sur le lit. La call-girl sort de la salle de bains, prête à partir.

La call-girl
— I know you have a plane to catch, they all do.
Louis lui montre l'argent sur le lit.
— Is it O.K. ?

La call-girl prend l'argent, le compte, le rejette sur le lit.

Louis
— A hundred dollars, the rate, isn't it?

La call-girl
— The condom?

Louis
— I have to pay for « c'te maudite affaire-là » ? *Et il jette un vingt dollars sur le lit en sacrant... en français !*

La call-girl prend l'argent sur le lit.
- Don't get angry, it saved your life.

Louis, intrigué.
— What?

La call-girl
— Maybe. You never know. Aids is everywhere ! *Et elle sort.*

Louis
— Aids... C'est le sida, ça ! Sacrement !

Cette même journée, on retrouve Véronique et sa sœur Sylvie dans la salle d'attente du docteur Guy Dumais, généraliste.

Véronique, calme et souriante.
— C'est rien. J'ai passé des tests, je viens pour les résultats. Ce sera pas long. Tant qu'à être dans le bas de la ville...

Sylvie, souriante aussi.
— C'est correct.

Véronique
— Pis maman, comment est-ce qu'elle est?

Sylvie
— Elle a des chaleurs, elle se possède plus.

Véronique
— Elle prend-tu ses hormones ?

Sylvie
— Tu sais comme elle haït ça, les pilules !

Véronique
— Papa as-tu mis la ferme en vente ?

Sylvie
— Il dit qu'il la vend, mais il pose pas d'affiche «À vendre». Lui, avoir un dépanneur au village…

Véronique
— Maman aime le monde…

Sylvie
— Oui, mais papa aime la nature…

Véronique
— C'est au tour à papa de faire des concessions. Maman en a fait pendant vingt-cinq ans.

Sylvie
— C'est un homme de grand air, y va mourir dans un dépanneur.

Véronique
— Maman meurt sur la terre.

Sylvie
— On va pas parler de ça, c'est juste ça que j'entends à longueur de journée ! Toi, comment ça va ? T'es pas malade, toujours ?

Véronique
— Ben non, je te dis, c'est des tests de routine. *Elle regarde sa sœur longuement.* T'as quoi, toi, là ? Dix-huit ? Quand j'avais ton âge, j'avais des rêves…

Sylvie
— Tu voulais te débarrasser de ta petite sœur de 8 ans, je le sais !

Véronique
— Dis pas ça... Ç'a été très dur, me séparer de toi. T'étais comme mon bébé. Tu te souviens? La nuit, quand tu faisais des cauchemars, tu venais coucher avec moi...

Sylvie
— Tu me chicanais assez !

Véronique
— J'aimais ça...

Sylvie
— T'es partie pareil.

Véronique
— Je m'étais dit : «À 18 ans, faut que je sorte du rang double» ; je suis partie. Je m'étais dit : «À 22 ans, faut que je sois puéricultrice» ; je le suis. Je m'étais dit : «À 23 ans, faut que je rencontre l'âme sœur» ; j'ai rencontré Louis. Je m'étais dit : «Je vais me marier à 24 ans», à 24 ans, je me suis mariée. Je m'étais dit : «À 28 ans, je vais avoir un enfant»...

Sylvie
— Les tests... ? Non... !

Véronique
— Oui ! Moi-même en personne, telle que tu me vois là, je suis enceinte.

Sylvie
— T'es enceinte ?

Véronique
— Oui !

Sylvie
— Je vais être « matante » ?

Véronique
— Oui !

Elles rient comme deux petites filles.

Sylvie, soudain sérieuse.
— Pourquoi tu me l'as pas dit tout de suite, hier au téléphone ?

Véronique
— Parce que je ne veux pas le dire tout de suite.

Sylvie comprend.
— Ben, je suis contente.

Véronique
— Parles-en pas à personne. Je veux le dire seulement quand je serai complètement sûre.

Sylvie
— T'es pas sûre ?

Véronique
— Au début de même, on sait jamais.

Sylvie
— Louis le sait-tu ?

Véronique
— Ben oui. Ça fait un an qu'on essaie tous les deux. Disons que quand ça fait cinq ans qu'on vit l'un pour l'autre, en amour, on sent le besoin de vivre tous les deux pour un autre.

Sylvie
— Ah ! c'est beau, ce que tu dis là... *Inquiète :* Mais les tests, c'est pour quoi ?

Véronique
— C'est par précaution. Je file pas.

Sylvie
— Qu'est-ce que t'as ?

Véronique
— Je le sais pas, c'est pour ça, les tests.

Sylvie
— Je veux dire : où t'as mal ?

Véronique
— Nulle part. J'ai les glandes un peu enflées, puis à la maternelle, quand les enfants ont les glandes un peu enflées, c'est parce qu'ils couvent quelque chose, la varicelle, la rougeole...

Sylvie
— Qu'est-ce que le docteur dit?

Véronique
— Il cherche qu'est-ce que je couve. Ça doit pas être grave, parce que je suis pas vraiment malade, mais il dit qu'il faut trouver ce que j'ai, à cause du bébé.

Sylvie
— Pis Louis, qu'est-ce qu'il dit de ça? Ça doit l'inquiéter.

Véronique
— Il le sait pas. Faut pas lui dire! Il est tellement fou d'avoir un enfant! Si je l'écoutais, j'arrêterais de travailler pis je me bercerais pendant neuf mois. Si je lui dis que je couve quelque chose, il va me forcer à prendre le lit, puis je veux pas. Pis je veux pas non plus l'énerver pour rien, il a tellement de travail...

Sylvie
— Ça va bien, sa job?

Véronique
— C'est le meilleur programmeur d'informatique de sa compagnie, il paraît! J'aimerais peut-être mieux qu'il soit moins bon, il serait peut-être plus souvent à la maison. Il est tellement bon qu'ils l'invitent partout. Pas juste au Québec! En Ontario, en dehors du Canada! Pour lui, je sais ben que c'est formidable, il prend de l'expérience pis il voyage, mais moi... Je devrais peut-être pas me plaindre : il gagne bien sa vie, il aime sa job. Mais j'aimerais mieux s'il voyageait moins...

Sylvie
— Plains-toi pas, t'es assez chanceuse. T'as tout ce que tu veux !

Véronique
— C'est vrai. Puis toi ? Raconte-moi tout ce qui t'arrive !

Le docteur sort de son bureau, un vieux monsieur en sort. Il referme la porte.

Sylvie
— Moi...

Véronique aperçoit le docteur.
— C'est lui. Il est pas pire, hein ? Tant qu'à choisir un docteur, c'est aussi ben d'en choisir un pas pire.

Sylvie
— Aïe ! présente-moi-le.

Véronique
— Tu viens avec moi.

Sylvie
— Penses-tu !

Le docteur
— Véronique.

Véronique se lève.
— Je suis avec ma sœur. Sylvie, viens.

Sylvie se lève, prête à suivre Véronique.

Le docteur l'arrête.
— Il y a des magazines...

Sylvie se rassoit, piteuse.

Véronique
— Ma sœur peut pas venir avec moi ?

Le docteur sourit.
— Non.

Véronique
— Attends-moi.

Sylvie fait un petit geste de soumission. Le docteur fait passer Véronique dans son bureau.

Véronique à Sylvie
— Ça sera pas long. *Et elle entre dans le bureau.*

Le docteur hésite, ne sait pas s'il doit s'asseoir derrière son bureau ou à côté de sa patiente.

Véronique s'assoit.
— J'ai failli remettre mon rendez-vous. Sylvie arrivait, elle vient pas souvent à Montréal, elle trouve que... elle trouve que ça pue. Faut dire que dans le rang double, par chez nous...

Le docteur reste derrière elle.
— Comment ça va, les ganglions ?

Véronique
— C'est pareil, ç'a pas changé depuis une semaine.

Le docteur lui palpe le cou.
— Ç'a pas augmenté, en tout cas. C'est bon signe.

Véronique
— J'ai l'impression que j'en ai aussi en dessous des bras.

Le docteur
— On va regarder ça. *Il lui palpe les aisselles.*

Véronique
— J'avais pas ces bosses-là avant.

Le docteur
— Ça fait mal ?

Véronique
— Non.

Le docteur
— As-tu pris ta température tous les jours comme je te l'avais demandé ?

Véronique
— Oui. Normal le matin, un peu de fièvre le soir.

Le docteur lui met le thermomètre dans la bouche et prend sa tension. Ils se regardent en silence.

Le docteur
— Ta pression est bonne.

Le docteur va s'asseoir à son bureau.
— J'ai eu les résultats de ton test de mononucléose. Tu te souviens, la prise de sang que je t'ai faite la dernière fois ? Négatif. J'ai eu aussi le test de toxoplasmose. Tu te souviens ? Tu me parlais d'un chat qui allait souvent te visiter. Négatif. C'est des bonnes nouvelles, ça ! Mais ça me dit pas ce que t'as. Il y a bien un mois que t'as les ganglions enflés et de la fièvre ? *Véronique fait signe que oui.*

Le docteur
— Tu es sûre qu'il s'est rien passé de stressant il y a un mois ? Une peine, un deuil, une séparation, un congédiement... *Il lui enlève le thermomètre de la bouche.*

Véronique
— Je suis tombée enceinte, pis c'était pas une surprise, on le voulait tous les deux... C'est un enfant désiré... fort. J'ai de la fièvre ?

Le docteur
— Deux lignes.

Véronique
— C'est fatigant, ça.

Le docteur
— Je suis le premier médecin que tu consultes, tu me dis ?

Véronique
— Ben, depuis que je suis à Montréal, oui. J'ai jamais été malade. Ah ! un petit rhume ici et là, mais, comme dit mon père, « un rhume, ça dure sept jours, soigné ou pas », ça fait que...

Le docteur
— Et ça fait dix ans que t'es à Montréal ?

Véronique
— Oui. Je suis arrivée à 18 ans, j'en ai 28.

Le docteur
— Puis il y a cinq ans que t'es mariée avec... *Il consulte le dossier.* Louis ?

Véronique
— Oui. Ben, quatre ans. On a vécu ensemble un an, avant.

Le docteur
— T'as évidemment pas eu de transfusion de sang si t'as pas été malade.

Véronique
— Ben... non.

Le docteur
— Ton mari, lui ?

Véronique
— Quoi, mon mari ?

Le docteur
— Il a pas eu, à ta connaissance, de transfusion de sang ?

Véronique
— Non. Je pense pas ! Il me l'aurait dit... Non.

Le docteur
— Tu prends de la drogue ?

Véronique
— Puis vous en prenez, vous ?

Le docteur
— C'est important que tu me le dises.

Véronique
— Ça m'est arrivé.

Le docteur
— Quelle drogue ?

Véronique
— Le « pot » des fois, une fois du « hash ». On aime mieux le « pot ». Le samedi soir, des fois, on se fait un souper d'amoureux, on fume un joint, pis on se couche... pis là...

Le docteur
— Tu t'es jamais piquée ?

Véronique
— De la drogue dure ? Je suis pas folle ! Je veux ouvrir ma propre maternelle à 30 ans. Aïe ! la drogue dure, c'est du suicide ! J'ai-tu l'air d'une candidate au suicide ?

Le docteur
— Ton mari, lui ?

Véronique
— Pourquoi vous me demandez ça ? Aïe ! j'ai arrêté d'aller à la confesse depuis longtemps, je vais pas recommencer ça !

Le docteur
— C'est important que je connaisse un peu de ta vie pour compléter ton dossier.

Véronique
— Il prend du « pot » avec moi.

Le docteur
— Depuis dix ans, as-tu eu beaucoup de partenaires sexuels ?

Véronique
— Pardon ?

Le docteur
— As-tu eu des aventures?

Véronique
— J'avais compris! Je vois pas le rapport avec les ganglions, là...

Le docteur la regarde dans les yeux, il attend sa réponse.

Véronique
— Ça fait cinq ans que je couche avec mon mari.

Le docteur
— As-tu, pendant ces cinq années-là, eu des relations sexuelles avec d'autres hommes? C'est ça, ma question.

Véronique, impatientée.
— Non!...

Le docteur
— Ton mari?

Véronique
— Je le sais pas, moi. Je pense pas, j'espère que non. Non... non...

Le docteur
— Et avant lui, il y a six, sept ou dix ans?

Véronique, gênée.
— Personne.

Le docteur, étonné.
— Personne?

Véronique
— O.K., j'étais «nounounne», je viens de la campagne, moi. C'était sévère, chez nous...

Le docteur
— T'es arrivée à Montréal à 18 ans, t'as rencontré ton mari à 24 ans. Tu me diras pas que pendant ces six ans-là...

Véronique
— J'étais grosse, j'avais des boutons, je pognais pas, bon ! Ça arrive ! Je m'en vante pas, là... Allez pas dire ça à personne, vous là... Tout le monde pense, même mon mari, que c'était par naïveté que...

Le docteur
— Ton mari, lui, avant toi ?

Véronique n'en croit pas ses oreilles.
— Ben, demandez-y donc à lui... Aïe ! Nicole m'avait dit que vous étiez un bon docteur, elle m'avait pas dit qu'il fallait sc déboutonner à ce point-là.

Le docteur, sévère.
— Faut que je trouve ce que tu couves.

Véronique
— Louis est plus vieux que moi. Il a certainement eu des blondes, mais j'aime pas ça, parler de ça... On en parle jamais.

Le docteur
— Ton mari voyage beaucoup ?

Véronique
— Il est à New York, là...

Le docteur
— Est-ce qu'il a voyagé en Afrique ?

Véronique
— En Afrique ? Non ! Ah ben ça, je l'aurais pas pris ! C'est bien trop loin, ça, en Afrique...

Le docteur se lève.
— Eh ben, je pense que je vais te faire une autre prise de sang.

Véronique
— Ah non !

Le docteur, sans la regarder.
— Je voudrais, juste par précaution... pour voir si t'as déjà été en contact avec le virus du sida.

C'est un test de routine. C'est une précaution, ça me rassurerait.

Véronique
— Le sida, c'est une maladie d'homosexuel !

Le docteur prépare la prise de sang.
— C'est un virus, puis un virus c'est pas assez intelligent pour savoir distinguer les homosexuels des autres.

Véronique
— J'ai lu des articles... *Le docteur lui prend le bras pour la prise de sang. Véronique le retire.* C'est pas nécessaire, j'ai pas le sida, ça se peut pas, ça se peut juste pas, c'est impossible.

Le docteur
— Je veux juste savoir si t'as été en contact avec le virus. Si t'es séronégative, comme je le pense, on va pouvoir s'enlever ça de la tête. Puis si par hasard t'es séropositive... *Il lui prend le bras.*

Véronique résiste.
— Je veux pas.

Le docteur
— C'est pas pour toi, c'est pour le bébé. Si t'étais ma femme...

Véronique
— Si j'étais votre femme, vous me traiteriez pas comme une « guidoune ».

Le docteur
— T'es venue me consulter pour savoir comment ça se fait que t'as de la fièvre et des ganglions enflés, que t'es fatiguée tout le temps. Je prends les moyens à ma disposition pour le trouver. Si tu veux pas que je le trouve, je force personne... Mais t'es enceinte...

Véronique capitule.
— Si ça peut vous faire plaisir... Vous allez bien voir... *Elle lui tend son bras avec défi.*

Pendant ce temps, à l'aéroport La Guardia de New York, Louis s'apprête à monter dans l'avion qui le ramène à Montréal.

Dans le logement de Véronique et Louis, Sylvie tente d'en savoir davantage sur la visite au docteur.

Sylvie
— Bon, t'as plus le traffic à surveiller, là; envoye, accouche... Qu'est-ce que t'as?

Véronique
— J'ai pas le goût de parler. *Elle va à sa chambre.* Si t'as faim, le frigidaire est plein.

Sylvie
— Qu'est-ce qu'il t'a dit, le docteur. T'as la rage, hein? C'est ça?

Véronique entre dans sa chambre et ferme la porte.

Sylvie, à la porte de la chambre.
— Aïe, c'est pas cool! Tu m'invites à tour de bras, je viens me promener, pis tu t'enfermes dans ta chambre.

Véronique, de sa chambre.
— J'ai besoin d'être seule.

Sylvie va au salon, ouvre la télévision.
— Ah, crotte! J'ai manqué mon émission, en plus! *Elle s'assoit, regarde la fin de son émission.*

Dans sa chambre, Véronique est étendue sur son lit. Elle pleure.

Sylvie, inquiète, se lève, va écouter à la porte de la chambre, frappe, puis entrouvre la porte.
— M'as-tu appelée?

Véronique
— Non.

Sylvie
— Je pensais.

Véronique
— J'ai peur !

Sylvie
— Je suis là... Il y a pas de danger.

Véronique
— J'ai tellement peur.

Sylvie entre, s'assoit sur le lit.
— T'as peur de quoi ?

Véronique, sans la regarder.
— Euh... s'il fallait que j'aie la mononucléose.

Sylvie
— C'est ça qu'il redoute, le docteur ?

Véronique
— Il me fait passer d'autres tests.

Sylvie
— C'est rien... Mona, tu sais, Mona à Gertrude dans le rang simple, elle a fait ça, la mono, et puis elle est guérie...

Véronique
— J'ai peur pareil.

Sylvie la prend dans ses bras.
— C'est correct, t'as le droit d'avoir peur. C'est pas parce que t'es plus vieille que t'es plus brave. T'as le droit.

Véronique
— Berce-moi.

Sylvie
— T'as le droit.

Véronique
— Chante-moi « Les Filles du Canada »... *Sylvie chante en la berçant.*

Ah ah ah, les filles du Canada,
Elles ont du poil aux pattes
Comme de vieux soldats...

Dans le salon de Véronique, la soirée de télévision est terminée. La porte d'entrée s'ouvre et Louis entre doucement, enlève son manteau, aperçoit le sac à dos de Sylvie, fait une grimace, va au salon. Il ferme l'appareil de télé, va à la chambre.

Dans la chambre, les deux sœurs dorment dans les bras l'une de l'autre. Louis, ému, referme la porte, retourne au salon, ouvre le divan-lit, retourne à la chambre, tape sur l'épaule de Sylvie...

Sylvie
— Hein? Hein? Hein?... *Elle le reconnaît.* Ah! Allô, Louis.

Louis
— Allô! Ton lit est prêt.

Sylvie
— Non... non... non...

Louis
— Oui... oui... oui... Lève, c'est mon lit, pis c'est ma femme.

Sylvie
— C'est ma sœur.

Louis
— J'attends ça depuis trois jours! *Il la soulève par les bras, essaie de la sortir du lit.*

Sylvie, tout endormie.
— Je veux rester avec ma grande sœur.

Louis
— Demain, hein? Il est tard, là. Je suis fatigué, moi là. Demain, O.K.?

Il met Sylvie à la porte gentiment mais fermement puis il revient à Véronique, se couche à côté d'elle, l'entoure de ses bras.

Véronique se réveille doucement.
— Hein?

Louis
— C'est le papa du bébé qu'il y a là! *Il lui donne une petite tape sur le ventre.*

Véronique, réveillée.
— C'est toi!

Louis, en blague.
— En attendais-tu un autre?

Véronique
— Il est quelle heure?

Louis
— Il est minuit moins quart.

Véronique
— Aïe!... j'ai dormi.

Louis
— J'ai vu ça, avec ta petite sœur... C'était « cute » de vous voir. Aïe, t'as pleuré, toi? T'as les yeux tout bouffis puis t'es bouillante. Vous vous êtes pas chicanées! Y es-tu arrivé quelque chose chez vous?

Véronique
— Non!... Non!... Comment ç'a été, à New York?

Louis
— J'ai rien vu, j'ai travaillé comme un fou.

Véronique l'enlace.
— As-tu pensé à moi?

Louis
— Tout le temps. À toi puis au bébé... Je suis tellement content, puis fier, puis inquiet en même temps.

Véronique, faussement calme.
— Pourquoi t'es inquiet?

Louis se lève, commence à enlever ses vêtements.
— C'est fragile, ce que t'as dans ton ventre. C'est mon bien le plus précieux : c'est toi pis moi ensemble. Je veux pas qu'il arrive rien à ce bébé-là. As-tu pris du vin pendant que j'étais pas là ?

Véronique, soulagée.
— Non.

Louis
— Attaches-tu ta ceinture de sécurité ? Tu sais que tu l'oublies, des fois.

Véronique
— Oui.

Louis
— La caféine, il paraît que ça va tout droit dans le sang du bébé. T'as pas pris de café ?

Véronique
— Du thé seulement.

Louis
— Il paraît que c'est pire !

Véronique
— J'en boirai plus.

Louis
— C'est correct, ça. Ah oui ! j'ai trouvé un docteur pour toi.

Véronique, mal à l'aise.
— Ah oui ?

Louis
— Peter, au bureau, il était avec moi à New York, sa femme a un gynécologue numéro un. Il m'a donné son numéro. J'appelle demain matin puis je prends un rendez-vous pour la semaine prochaine.

Véronique
— Oui mais...

Louis
— Faut pas retarder...

Véronique
— Sais-tu... Louis... euh...

Louis ne l'écoute pas.
— Elle a quasiment pas souffert, pis le bébé, c'est une splendeur ! Il m'a montré des photos. Peter dit que c'est les bons accoucheurs qui font les beaux bébés en santé... En tout cas, pour le bébé, c'est « nothing but the best ». Comme on a décidé qu'on n'en aura qu'un, faut qu'il soit super, comme son père. O.K., j'appelle le docteur de Peter demain, pis...

Véronique l'interrompt.
— J'en ai déjà un !

Louis surpris.
— Ah oui ?... On va changer. Après une première visite, c'est pas grave...

Véronique
— Je l'ai vu plusieurs fois déjà.

Louis
— Quand ça ?

Véronique
— Depuis un mois.

Louis
— Puis tu me l'as pas dit !

Véronique
— Tu y étais pas !

Louis
— Sur un mois, j'ai été parti une semaine en tout... Charrie pas.

Véronique
— J'ai oublié de te le dire.

Louis
— Où c'est que tu l'as pris ?

Véronique
— Il m'est recommandé par Nicole à l'école.

Louis
— Y a-tu quelque chose qui va pas?

Véronique
— Non, tout va bien.

Louis
— Pourquoi tu me l'as pas dit que tu voyais un docteur?

Véronique
— Parce que j'y ai pas pensé.

Louis ne la croit pas.

Véronique se reprend, pour mentir mieux.
— Parce que la maternité, ça me regarde. C'est moi qui le fais, le bébé! Pis t'as tellement de travail, je veux pas t'embêter avec des détails...

Louis
— Tu me dis pas la vérité.

Véronique
— Je suis très bien, je me suis jamais sentie aussi bien. Prends ta douche vite, je t'attends.

Louis
— Tu me jures que tu me caches rien?

Véronique
— Qu'est-ce que tu veux que je te cache?

Louis
— Que t'es pas bien!

Véronique
— Je file numéro un. Je sais pas où tu vas chercher ça.

Louis
— Tu me le jures?

Véronique
— Je te le jure. Va vite... Bon, je m'excuse de ne pas t'avoir parlé du docteur. Ça doit être le bébé qui me fait perdre la mémoire.

Louis
— Ouais... Il a le dos large, ce bébé-là !

Véronique, câline.
— Tu devrais comprendre ça, l'oubli... T'as oublié de m'embrasser en arrivant, pis ça fait trois jours qu'on s'est pas vus.

Louis
— Ah !... mon amour. *Il se penche, l'embrasse.*

Véronique l'attire dans le lit.
— Comme ça, t'as pensé à moi à New York ?

Louis
— Tout le temps.

Véronique
— T'as pensé au bébé ?

Louis
— À toi et au bébé. Tout le temps.

Véronique
— Tu m'aimes ?

Louis
— Je vous aime, vous êtes toute ma vie, toi pis lui...

Véronique
— Dis pas « lui », c'est peut-être une fille !

Louis
— Le bébé... Lui, le bébé ! *Il lui parle par le nombril.* Allô, bébé ! Allô, ti-bébé...

Véronique insiste.
— Tu m'aimes ?

Louis la regarde tendrement.
— Ah oui...

Véronique
— Je t'aime.

Louis
— Moi aussi.

Et ils font l'amour, lui pour se déculpabiliser, elle pour oublier sa peur.

À la maternelle où enseigne Véronique, c'est l'heure de la sieste. Les enfants sont étendus sur des tatamis. Certains rêvent, d'autres dorment. Véronique chantonne.

Sylvie entre sur la pointe des pieds.
— Véronique.

Véronique
— Chut ! Quoi ?

Sylvie
— Rien. Excuse.

Véronique
— Quoi ?

Sylvie
— Ton docteur a appelé. T'as rendez-vous à 7 h 30, ce soir. Aïe ! c'est beau de les voir.

Véronique
— Si tu me les réveilles !

Sylvie
— Je vais leur chanter « Les Filles du Canada ».
Elle rit.

Véronique rit aussi.
— Chut...

Ce soir-là, dans la salle d'attente du docteur Dumais.

Véronique
— T'es fine de venir avec moi, puis de m'attendre...

Sylvie
— T'as tellement été fine souvent avec moi, t'as des crédits.

Véronique
— Je devrais être assez grande pour venir chez le docteur toute seule.

Sylvie
— Véronique, ça me dérange pas, j'ai rien d'autre à faire.

Véronique
— Merci. Qu'est-ce qu'il t'a dit exactement, le docteur, quand il t'a téléphoné ?

Sylvie
— Il a dit *(imitant la voix suave du docteur)* : « Allô ! Est-ce que Véronique Charbonneau est là ? »

Véronique
— Il t'a pas dit ce qu'il voulait me dire ?

Sylvie
— J'aurais dû lui donner le numéro de la maternelle, mais comme j'allais te rencontrer pour magaziner...

Véronique
— Je vois vraiment pas ce qu'il veut.

Sylvie
— Bien, te donner les résultats du test.

Véronique
— Quel test ? Hein ? Comment tu sais ça, qu'il m'a fait passer un test ?

Sylvie
— Wo... pas de panique... ! Ton test de mononucléose. C'est ça que tu m'as dit.

Véronique
— Bon... Excuse. Je suis inquiète, bon. J'ai le droit d'être inquiète !

Sylvie
— T'as le droit. C'est pas nécessaire de sauter sur moi.

Le docteur sort de son bureau.
— Véronique Charbonneau. Ah, tiens, la petite sœur !

Sylvie
— Il y a des magazines, je le sais.

Le docteur rit, fait entrer Véronique dans son bureau.

Le docteur
— Assis-toi.

Véronique
— Ma sœur m'attend. Je veux pas être longtemps. Puis, le test du virus du sida ? Vous avez le résultat ?

Le docteur
— Je vois qu'avec toi il faut pas mettre de gants blancs. Assis-toi.

Il s'assoit sur un fauteuil et lui désigne l'autre à côté du sien.

Véronique reste debout.
— Je ne vis plus. Je veux savoir. C'est quoi, le résultat ?

Le docteur
— Presse-toi pas, t'es ma dernière cliente, on a tout notre temps. Je veux pas que tu sautes aux conclusions, là...

Véronique
— C'est quoi ?

Le docteur
— Positif.

Véronique
— C'est une farce ?

136

Le docteur
— Non. T'es séropositive.

Véronique
— C'est une erreur, je vous dis que ça se peut pas. Je peux pas être en contact avec quelqu'un qui a le sida, j'en connais pas. Puis j'en fréquente pas, d'homosexuels, ni de drogués, pis j'ai pas eu de transfusion, pis ça se peut juste pas.

Le docteur
— Tu peux avoir été en contact avec un porteur du virus qui ne sait pas qu'il est porteur et qui n'est pas nécessairement homosexuel ou drogué. Il s'agit que t'aies eu un seul contact, mais... sexuel...

Véronique
— Ça se peut pas, c'est une erreur. Ils se sont trompés.

Le docteur
— Il y a une chance sur un million qu'il y ait une erreur dans les tests du sida. Ton résultat a été confirmé par deux analyses. Il y a pas d'erreur, ils sont tous les deux positifs... Ça veux juste dire...

Véronique s'assoit, sonnée.
— J'ai le sida!

Le docteur
— Tu l'as pas nécessairement. Tu as été en contact avec le virus.

Véronique
— Pour qui vous me prenez? J'ai pas de contacts sexuels avec d'autres que mon mari. *Elle regarde les papiers sur le bureau.* Où est-ce que c'est écrit, que je suis séropositive?

Le docteur prend les résultats du test, les lui montre.

Véronique lit le document, le relit.
— Ça se peut pas.

Le docteur
— Je veux que tu comprennes que ce test-là c'est juste l'indication que tu as des anticorps dans ton sang. Ça veut pas dire que tu as le sida, ça veut pas dire que tu vas l'avoir non plus. Si tu veux, ce virus-là, c'est comme le virus de la grippe. De toutes les personnes infectées, y en a une portion qui s'en rend même pas compte, d'autres vont avoir la grippe, d'autres vont être très malades de la grippe...

Véronique
— Le sida, c'est pas la grippe ! Le sida, on en meurt ! J'ai juste 28 ans, je suis en amour, je suis enceinte, je veux pas mourir...

Le docteur
— Essaie de rester calme. C'est pas dramatique. Ton test est positif, ça veut pas dire... que t'as le sida...

Véronique
— Oui, mais je suis porteuse du virus.

Le docteur
— Écoute-moi, là. Faut que tu comprennes...

Véronique
— Où c'est que je l'aurais attrapé, hein ? Je couraille pas les bars, je sors pratiquement pas. Où c'est que je l'aurais pris ? À la maternelle, peut-être ? Ça se peut pas que je l'aie. Vous êtes partis en peur avec le sida, les docteurs. Vous en voyez partout. Comment j'ai pu attraper ça, moi, hein ?

Le docteur
— C'est pas important, ça, comment tu l'as pris. Ce qui est important, c'est que t'as des anticorps, et que...

Véronique
— Je suis porteuse... porteuse du virus du sida, puis... *(elle y pense soudain)* enceinte.

Le docteur
— Oui. Ça, c'est embêtant !

Véronique
— C'est effrayant !

Le docteur, troublé.
— Veux-tu quelque chose ? Une cigarette ? Non...
Veux-tu un cognac ? J'en ai un fond... *Il se ravise.*
De l'eau, c'est mieux pour toi.

*Il se lève, va au lavabo lui chercher un verre d'eau.
Véronique est atterrée.*

Le docteur lui apporte le verre d'eau et bafouille presque.
— Ça m'est jamais arrivé, le sida ; je veux dire :
une patiente qui a le sida, qui est séropositive...
J'ai pas le tour, ça a l'air. Je m'excuse, hein !
J'aurais tout donné pour que ça m'arrive pas...
pour que ça t'arrive pas, je veux dire... mais, tu
comprends, je suis rien qu'un généraliste, moi...
Le sida, c'est pas ma spécialité, moi... Je pensais
que c'était pour les autres docteurs dans certains quartiers de Montréal, tu sais ben...

Véronique boit une gorgée d'eau.
— Je vais-tu mourir ?

Le docteur
— Tout le monde finit par mourir... Euh ! Je le
sais pas. T'as des chances de t'en sauver... peut-
être. C'est une nouvelle maladie, je sais pas
grand-chose là-dessus.

Véronique
— Je veux savoir si je vais crever, pis quand.

Le docteur
— Écoute : ce virus-là, il détruit le système de
défense de ton corps...

Véronique
— Je veux savoir ce qui va m'arriver.

Le docteur
— Je le sais pas. Personne peut savoir. Ça dépend...

Véronique
— Y a-tu des remèdes ?

Le docteur
— Pas vraiment.

Véronique
— Le vaccin... Ils vont-tu trouver un vaccin ?

Le docteur
— On en parle pour l'an 2000. Peut-être.

Véronique
— Qu'est-ce que je vais faire en attendant ?

Le docteur
— Venir me voir régulièrement. Essayer de ne pas le donner aux autres.

Véronique, surprise.
— Je peux-tu être contagieuse ?

Le docteur
— Pas comme si t'avais la grippe. Tu peux le donner que par échange de sang ou par relation sexuelle ou par échange de seringue. La salive, je le sais pas, pis les touchers, pis le bol de toilette, ça c'est pas dangereux.

Véronique
— Mais si je suis contagieuse, le bébé... ?

Le docteur
— Le bébé, justement.

Véronique
— C'est-tu dangereux pour le bébé ? Que le bébé l'attrape ?

Le docteur
— Le virus se transmet au bébé pendant la grossesse. C'est sûr que tu peux lui donner.

Véronique est catastrophée.

Le docteur
— Le virus passe par le placenta, ou bien le bébé est contaminé pendant l'accouchement. De toute façon, il a de grosses chances de mourir à la naissance.

Véronique
— Et si par hasard il vit ?

Le docteur
— Je sais plus quoi te répondre, là... Je sais une chose : il va falloir que tu réfléchisses à ce que tu veux faire quant au bébé... Si tu continues ta grossesse ou si tu...

Véronique
— C'est assez. Wo ! Je suis plus capable d'en prendre, O.K. ? C'est assez !

Le docteur
— Je suis obligé de te le dire.

Véronique
— J'ai besoin de... digérer ça.

Le docteur
— Parles-en à ton mari, hein ! Ça va t'aider.

Véronique le regarde dans les yeux.
— Le sida, c'est entre nous, ça... Je veux pas qu'il le sache. Jamais !

Le docteur
— Ça sera pas possible. Veux-tu que je lui parle, moi ?

Véronique
— Non. Non. Non. *Et elle sort du bureau.*

Le docteur
— Véronique... ! Voyons... ! Véronique... !

Il va s'asseoir à son bureau, désemparé.

Véronique ramasse son manteau et sort de la salle d'attente sans regarder Sylvie, qui est en train de lire un magazine.

Sylvie, voyant passer Véronique.
— Véronique... ! Ben voyons !

Elle attrape son manteau et sort aussi.

Marie Dumais, qui attendait son mari dans la salle d'attente, regarde la scène puis entre à son tour.
Marie
— Tu le lui as dit ?

Le docteur
— Oui.

Marie
— Pauvre chéri !

Le docteur
— J'ai pas la formation, moi, pour apprendre au monde qu'ils ont le sida. Puis une femme à part de ça, pis mariée, pis enceinte ! Comment tu lui dis ça ? Pour un premier cas, si ça avait été un gai ou un drogué... Eux-autres, me semble qu'ils s'y attendent... Mais elle... Tu l'as vue ? Une publicité pour la santé !

Marie
— Dans tout ça... *(elle lui apporte la documentation sur le sida)* ils semblent dire que les nouveaux atteints, c'est nous autres, les femmes, et nos bébés.

Véronique, en larmes, ouvre la portière de son auto, fait partir le moteur et démarre à toute vitesse. Au même moment, Sylvie arrive sur le trottoir. Elle la voit tourner le coin de la rue, elle ne comprend pas, elle hèle un taxi.

Véronique roule à toute vitesse sur la rue Sherbrooke.

Dans le bureau du docteur.

Par inadvertance, le docteur prend le verre d'eau de Véronique.
— Je comprends mes confrères qui ne le font pas passer, le test du virus du sida, sous prétexte que leur clientèle est hétéro... *Il porte le verre à sa bouche.*

Marie
— Guy, non! Je veux pas que tu me rapportes ça à la maison. Maintenant que tu as un cas, je vais m'inquiéter.

Le docteur dépose le verre, agressif.
— Je cours moins de risques que toi.

Marie
— Comment ça?

Le docteur
— Tes vacances dans les îles avec de beaux jeunes moniteurs de planche à voile, qui sont souvent à voile et à moteur.

Marie, agressive aussi.
— Tant qu'à ça, tes congrès médicaux à Paris qui finissent à Pigalle ou au bois de Boulogne!

Le docteur
— Je prends des précautions.

Marie
— Moi aussi, tu parles! J'ai les condoms dans le gros!

Le docteur redevient grave.
— Aïe! Marie, s'il fallait... C'est une maladie...

Marie, gentille.
— Je suis très prudente. Je me sauve, mes partenaires de bridge m'attendent. Je m'excuse de ne pas t'avoir apporté la documentation avant ; fallait que je fasse le souper des enfants.

Le docteur
— C'est correct. Je vais la lire ce soir... en t'attendant. Rentre pas trop tard !

Marie, narquoise.
— Tu vas pas rue Crescent avec tes chums de gars ?

Le docteur
— Non. Bye. Amuse-toi bien.

Marie
— Faut pas paniquer. Il y a cinq ans, c'était l'herpès ; là, c'est le sida... *Et, dans la porte :* Y a pas juste ça, des maladies, dans la vie.

Elle sort et le docteur prend le verre, va le porter au lavabo, le rince, le dépose à sa place. Finalement, il le jette dans la poubelle, où il se casse.

Sur le pont Jacques-Cartier, l'auto de Véronique est arrêtée, tous feux éteints. Véronique sort de l'auto, regarde en bas, va jusqu'au parapet et regarde l'eau. Une voiture de police passe. Les policiers aperçoivent l'auto puis Véronique, ils descendent de leur voiture et s'emparent de Véronique, qui se laisse amener sans lutter.

Une demi-heure plus tard, Véronique est chez elle avec Louis et Sylvie... et les policiers !

Véronique s'adresse à Louis.
— J'ai oublié Sylvie sur le trottoir ! Je suis toujours toute seule en auto, c'est normal que

j'aie pas pensé à elle. Puis j'ai eu mal au cœur, je me suis arrêtée, pour pas être malade dans l'auto. La police a pensé que je me jetais en bas du pont, franchement...

Le policier
— Moi, j'ai fait mon devoir, c'est tout.

Sylvie
— T'es partie comme une folle !

Louis, presqu'en colère.
— Aïe ! Moi, là, je comprends absolument rien. J'aimerais ça, comprendre !

Véronique, douce.
— Il n'y a rien à comprendre, Louis. C'est une erreur de la police. *Au policier:* Vous pouvez écrire ça sur votre rapport : « Erreur ». Si on peut plus s'arrêter sur le pont sans être soupçonnée de se jeter en bas... Puis j'ai-tu le genre à me suicider ? Quand même, Louis, dis quelque chose !

Louis
— C'est une erreur. C'est pas le genre, vraiment.

Le policier
— Nous autres, on prend pas de chance. Si vous aviez voulu vous jeter en bas pour vrai, hein ? Vous auriez été bien contente qu'on vous en empêche, hein ?

Véronique, sans trop comprendre.
— Euh !... oui... oui...

Louis, les reconduisant.
— Bon, ben, merci beaucoup, vous avez fait ce qu'il fallait. C'est vrai qu'elle a ben mal au cœur, elle est enceinte.

Le policier, jovial.
— Ah !... je savais pas ça, ça paraît pas. Ouais, ben, je vous souhaite un beau gros bébé en santé. Eh ben ! il me reste juste à m'en aller... Ben, salut. Ben content de m'être trompé... Salut.

Louis
— Salut. Merci quand même...

Les policiers sortent. Pendant ce temps, Véronique regarde Sylvie.

Sylvie
— Quoi ?... Qu'est-ce qu'il y a ?

Véronique lui fait signe de se taire.

Louis revient au salon.
— Ton docteur, où c'est qu'il est, son bureau ?

Véronique
— Sherbrooke, au coin de Berri.

Louis
— On reste à Ahuntsic... Qu'est-ce que tu faisais sur le pont Jacques-Cartier ?

Véronique prend une grande respiration.
— Bon... Je suis aussi ben de vous dire la vérité. De toute façon, je suis pas capable de mentir. En sortant de chez le docteur, j'ai pas vu Sylvie parce que j'étais sous le choc. Le docteur Dumais venait de m'apprendre que j'ai un virus, un nom long comme ça... pis ça fait peur, un virus, quand t'es enceinte. Je pleurais, ça fait que j'ai pris le pont sans m'en apercevoir, puis j'ai eu mal au cœur... puis...

Louis
— Quel virus ? C'est-tu grave, ça se guérit-tu ? T'es malade ? Es-tu malade ? Des virus, il y en a à la tonne ! Lequel que t'as ?

Véronique
— Je suis pas capable de te le dire. Je suis pas docteur, moi, pis c'est compliqué... Pis je pense que ça me reprend, le mal de ... *Elle se précipite à la toilette.*

Louis la suit.
— Veux-tu que je t'aide ?

Véronique
— Non, pas toi... Je vais vomir. Sylvie, viens !

Louis éloigne Sylvie.
— Je vais y aller, moi !

Véronique
— Non, pas toi ! Sylvie !

Dans la salle de toilette, Véronique ouvre le robinet du bain.

Sylvie
— Non, pas là ! Dans la toilette !

Véronique se redresse.
— J'ai pas mal au cœur. Je veux te parler.

Sylvie ne comprend plus rien.

Véronique
— Le pont... J'ai voulu me jeter en bas du pont Jacques-Cartier.

Sylvie
— T'es folle... ! Pourquoi ?

Véronique
— Chut... Le virus que j'ai, c'est celui du sida...

Sylvie
— Le ... *Fort :* Le sida, toi ? Pas toi !

Véronique
— Chut !

Louis
— Véronique, as-tu besoin de moi ?

Sylvie, fort
— Elle est correcte... Je m'en occupe. *Bas :* Qu'est-ce que tu me dis là... ? Ça se peut pas... !

Véronique
— Le docteur vient de me l'apprendre. Je suis contagieuse, peut-être. Je peux le donner à mon bébé. Il va mourir. Ah, Sylvie !

Sylvie
— Qui t'as donné ça, hein ? Qui... ? C'est lui, là, lui pis ses voyages !

Véronique
— C'est pas lui.

Sylvie
— Défends-le pas, là !

Véronique
— C'est pas lui, je te dis.

Sylvie
— C'est qui ?

Véronique
— Tire la chasse d'eau, sans ça il va se douter de quelque chose. *Sylvie tire la chasse d'eau.* C'est quand il a fait l'est du Canada, cet automne. Il a été parti longtemps, il me téléphonait tous les jours, mais c'était pas pareil comme de l'avoir avec moi, pis je m'ennuyais, pis Nicole, à l'école, a fait un party, elle m'a invitée, je suis allée, pis là... j'ai rencontré quelqu'un... C'était pas un pur étranger, je le connaissais un peu, il est bien fin, pis il était tout seul, lui aussi... Ben... on a fini la nuit chez lui...

Sylvie
— Un homosexuel... ?

Véronique
— Non. Un vrai homme, un homme très viril, bien correct... Normal, quoi. Pas un homosexuel, aïe !

Ce même soir, dans la salle d'attente du docteur, Louis feuillette un magazine et regarde l'heure : il est dix heures et quart.

Dans le bureau, le docteur est au téléphone.

Le docteur
— Écoute, Véronique : ton mari est dans ma salle d'attente. Il s'est présenté à ma secrétaire, il a dit qu'il était ton mari puis qu'il fallait absolument qu'il me parle... Qu'est-ce qui s'est passé ? Lui as-tu dit ?... Qu'est-ce que tu lui as dit ? J'ai besoin de savoir ce que tu lui as dit.

Véronique
— Que j'avais un virus, pas plus.

Le docteur
— Tu le sais, qu'il faut qu'il sache la vérité.

Véronique
— Il le faut-tu vraiment ?

Le docteur
— Oui. Veux-tu que je lui dise, ou veux-tu lui dire, toi, ou que je vous voie ensemble ?

Véronique
— Dites-lui, vous.

Le docteur
— Ta sœur est avec toi ?

Véronique
— Oui.

Le docteur
— Bon. Je vais parler à ton mari puisque tu m'y autorises.

Véronique
— Dites-lui que je l'aime.

Le docteur
— Oui, oui... Puis je vais te rappeler après.

Véronique
— Docteur... j'ai voulu me jeter en bas du pont Jacques-Cartier, en sortant de votre bureau.

Le docteur avale sa salive, prend une grande respiration, et, très calme :
— Maintenant, tu veux mourir ?

Véronique
— Non. Je suis déjà morte. *Elle raccroche.*

Le docteur va à la porte, l'ouvre.

Le docteur
— Monsieur Charbonneau.

Le docteur lui tend la main.
— Guy Dumais. Je suis content de vous connaître. Je suis le médecin de votre femme, et...

Louis, très nerveux.
— Je viens juste de l'apprendre, puis d'apprendre par la mêmc occasion que Véronique est malade. Aïe c'est pas le temps, là, dans son état ! Cet enfant-là, j'y tiens comme j'ai jamais tenu à rien avant. Moi, je suis un enfant adopté, j'ai pas de liens de sang avec personne, c'est le premier lien. C'est quoi, ce virus-là... ?

Le docteur
— Assoyez-vous. Comme ça, vous êtes le mari de Véronique ?

Louis
— Oui. Je m'excuse de venir si tard. Comme je pars pour Québec demain matin, j'ai pris une chance de vous trouver encore au bureau. Qu'est-ce que c'est que ce virus que ma femme aurait... ? J'ai pas pu parler à Véronique ; elle a mal au cœur, puis dans ce temps-là c'est rien que Sylvie... Sylvie, c'est sa petite sœur. Je suis très inquiet, je sens qu'il se passe quelque chose, je sais pas quoi.

Le docteur
— Votre femme est venue me voir il y a un mois à peu près, et...

Louis
— J'aurais aimé ça, venir avec elle ; les hommes font beaucoup ça maintenant... Moi, je suis un homme qui gagne sa vie en voyageant. Je pour-

rais rester à Montréal, je gagnerais moins d'argent. Véronique accepte ça... D'ailleurs, elle le savait en me mariant...

Le docteur
— Elle venait me voir sur la recommandation d'une de ses compagnes de travail...

Louis
— Oui... Oui...

Le docteur
— J'ai examiné votre femme ; elle était bel et bien enceinte. Elle le savait, d'ailleurs. Elle venait me voir pour autre chose.

Louis
— Oui... Quoi ?

Le docteur
— Depuis quelque temps, elle a les ganglions enflés, un peu de fièvre, elle est fatiguée et...

Louis
— Comment ça se fait qu'elle m'a pas dit ça ?

Le docteur
— J'ai pensé, moi, tout de suite, mononucléose ou maladie d'enfants, étant donné son travail. Alors, je lui ai fait passer des tests : négatifs ! Comme les ganglions ne désenflaient pas, que la fièvre durait, j'ai pensé à lui faire passer le test du virus de ... l'immunodéficience humaine.

Louis ne comprend pas le terme.
— Oui ?

Le docteur
— Elle l'a passé. J'ai eu le résultat aujourd'hui.

Louis
— Oui ?

Le docteur
— Elle est venue à mon bureau à 7 h 30 ce soir ; je lui ai donné le résultat...

Louis
— Oui... puis?

Le docteur
— Votre femme est séropositive.

Louis ne comprend pas.
— Oui... puis?

Le docteur
— Le test qu'elle a passé, c'est le test du sida.

Louis le regarde longuement.
— Je comprends pas, là... Qu'est-ce que le sida vient faire là-dedans? Le sida! Ben voyons donc!

Le docteur
— On a trouvé dans le sang de votre femme les anticorps du virus du sida, ce qui nous indique qu'elle a été en contact avec le virus...

Louis se lève, se rassoit, sonné.
— Répétez-moi ça, vous là.

Le docteur
— Votre femme a dans son sang les anticorps du virus du sida. Ça veut dire qu'elle a été en contact avec le virus, et si elle a été en contact avec le virus, c'est qu'elle est peut-être porteuse du virus du sida.

Louis refuse de comprendre.
— Qu'est-ce que vous me chantez là, vous là? Je comprends rien de ce que vous me dites. Véronique aurait été en contact avec le sida! Voyons donc! C'est une maladie de tapette, je le suis pas. S'il y a quelqu'un ici dedans qui n'est pas tapette... Ç'a pas d'allure, ç'a pas de bon sens! Voyons donc, soyez sérieux!

Le docteur
— Je pensais, moi aussi, que le sida c'était pour les autres, mais avec tout ce que j'ai lu dernièrement, j'ai changé d'idée. Le sida, c'est pour le

monde comme vous et moi, et je suis pas tapette moi non plus...

Louis
— Il y a pas de femmes qui ont ça.

Le docteur
— En Afrique, il y a autant de femmes que d'hommes, et en Amérique la proportion est de dix hommes pour une femme, et ça augmente...

Louis
— Vous me dites que Véronique aurait... le... le sida ?

Le docteur
— Non, je ne dis pas ça. Je dis que son test est positif. On peut pas dire si elle est porteuse du virus ou pas, mais il y a des chances qu'elle le soit.

Louis
— Comment, « des chances » ? Elle l'a ou elle l'a pas... On a un cancer ou on n'en a pas un.

Le docteur
— Le sida, c'est pas un cancer. C'est l'effondrement graduel du système de défense de l'organisme.

Louis
— Ça veut dire quoi, ça, en français ?

Le docteur
— On a tous un système immunitaire qui combat les maladies. Quand ce système-là n'existe plus, il y a des maladies qui seraient normalement combattues qui se déclarent et qui finissent par... emporter la personne...

Louis
— Pas Véronique. Ça se peut pas. L'avez-vous vue ? C'est la santé en personne. Ça se peut pas, puis où c'est qu'elle aurait pris ça ?

Le docteur
— C'est pas important, ça...

Louis
— Où c'est qu'elle aurait pris ça ?

Le docteur
— En échangeant des seringues avec d'autres droguées !

Louis
— Véronique ! Elle se pique pas.

Le docteur
— Par transfusion de sang, si elle en a reçu avant novembre 1985.

Louis
— Elle a jamais été malade.

Le docteur
— Reste la relation sexuelle. Le virus du sida se transmet par les relations sexuelles.

Louis se lève, se rassoit.
— C'est moi qui le lui ai donné.

Le docteur
— Ah !... Qu'est-ce qui vous fait penser que... c'est vous ?

Louis
— Parce que... Ben quoi ? Je suis un homme, puis un homme, ben, c'est un homme, puis les hommes, ben, c'est différent des femmes. Vous savez ce que je veux dire.

Le docteur
— Non.

Louis
— Je suis un homme normal, quoi ! Je suis cent pour cent pour l'amour, le mariage, la famille. Il y a que ça, dans la vie. Mais il m'arrive, en voyage... Vous savez ce que je veux dire...

Le docteur
— De tromper votre femme ?

Louis
— C'est pas le bon mot, ça ; je la trompe pas ;
elle le sait pas. Je dis souvent : « Ce qu'on sait
pas... » Pas à chaque voyage, là... Des fois... Faut
pas oublier que j'ai 38 ans...

Le docteur ne comprend pas.

Louis
— J'ai 38 ans.

Le docteur
— Je vois pas le rapport.

Louis
— J'ai 38 ans : ça veut dire, ça, qu'en 1970 j'avais
18 ans. Moi, monsieur, j'ai été lâché « lousse » à
18 ans en pleine libération sexuelle. De 18 à 35
ans, j'ai baisé, moi, comme vous probablement...
Vous êtes de ma génération, vous ?... Vous avez
quel âge, vous ?

Le docteur
— J'ai 34 ans.

Louis
— Étudiant en médecine, beau gars, ç'a dû être
quelque chose, là, hein ! Dans ce temps-là, vous
vous en souvenez, on faisait l'amour, pas la
guerre ! C'était sans conséquence. On faisait
l'amour pour l'amour. C'était juste si on regardait avec qui on le faisait. Il y avait rien à
notre épreuve. Quoi ! c'est vrai !... C'était la quantité, l'expérience qui comptait, puis la variété...
hein ?

Le docteur est gêné.
— Oui... évidemment...

Louis
— Moi, j'ai mené cette vie-là, variété quantité,
pendant... douze ans... Bien... jusqu'à ce que je
rencontre Véronique. Elle était tellement
différente. Elle était vierge... puis elle avait 22 ans,

j'avais jamais vu ça, j'y croyais pas... Eh bien, c'était vrai... Ç'a été l'amour avec un grand «A», comme dans les vues; on s'écrivait des poèmes, pis toute l'affaire... On a vécu ensemble un an, puis après, bien, j'ai eu le goût de me marier, oui, oui, moi... puis de fonder une famille...

Le docteur l'interrompt.
— Je vois pas, là... ce qui me prouve que c'est vous qui lui avez donné le virus du sida.

Louis
— J'essaye juste de vous expliquer qu'étant donné mes douze ans d'expériences variées, bien, il cst normal que des fois... ça me prenne, le goût de la variété... Jamais à Montréal! Seulement à l'étranger. Pis en dehors de Montréal, le plus proche que ç'a été, ç'a été Rivière-des-Prairies, boulevard Taschereau. Vous me direz pas que les docteurs, quand ils vont en congrès, hein?... Hein?...

Le docteur
— Mais qu'est-ce qui vous fait penser que c'est peut-être vous.

Louis
— Attendez. Cette semaine, j'étais à New York. Je m'ennuyais. Les chambres d'hôtel, c'est moche puis c'est plate. Ben, la fille, elle a exigé que je mette un condom. Moi, le condom, je mets jamais ça... Je mets-tu mon imperméable pour prendre mon bain? Elle riait pas, c'était ça ou rien. Ce qui me fait penser au sida, c'est qu'elle m'a dit, comme ça, après, en parlant du condom: «Ça t'a peut-être sauvé la vie...» Le sida, moi, je pensais jamais à ça. Là, j'y ai pensé. Pas longtemps, fallait que je m'en revienne à Montréal. Ça m'a sorti de l'idée, là. S'il fallait penser aux accidents d'avion chaque fois qu'on prend l'avion, hein?...

Le docteur
— Les femmes en voyage... Des prostituées?

Louis

— Moi? Jamais! Jamais de fille sur le trottoir. C'est un principe, chez moi. Des filles d'agences, seulement.

Le docteur

— Des call-girls!

Louis

— Oui, j'aime mieux ça. Elles font partie d'une agence puis elles sont surveillées médicalement, bien, il paraît, puis c'est une autre classe sociale. Il y en a qui sont étudiantes à l'université, elles font ça pour payer leurs études, des bonnes petites filles.

Le docteur

— Vous pensez que peut-être vous auriez été infecté par une call-girl puis qu'à votre tour vous auriez infecté votre femme.

Louis

— Bien, je vois pas comment autrement elle aurait attrapé ça. Elle m'aime tellement, elle, elle peut pas me tromper... Comment ça se fait que moi j'ai pas les ganglions enflés, je fais pas de fièvre, rien?

Le docteur

— Parce que la plupart des porteurs du virus peuvent le transmettre, mais ils n'ont pas de symptômes.

Louis

— Ah!... Elle... ma femme, elle en a, des symptômes. Qu'est-ce qui va lui arriver, avec les ganglions puis la fièvre...?

Le docteur

— Ah! ça, ça va s'en aller.

Louis

— Ah bon! Comme ça, elle va guérir?

Le docteur
— Non. Elle peut rester des mois, des années, porteuse du virus, être en pleine santé, et tranquillement, comme son système immunitaire va faiblir graduellement, elle va développer des infections, des tumeurs...

Louis
— Puis mourir ?

Le docteur
— Peut-être.

Louis
— Puis le bébé ?

Le docteur
— Il y a le bébé !... Je suis bien content que vous soyez venu me voir. D'abord, je vais vous faire passer le test, qu'on sache à quoi s'en tenir à votre sujet exactement. Puis je vais vous demander de discuter avec votre femme de l'éventualité d'un avortement.

Louis s'effondre.
— Le bébé peut... mourir ?

Le docteur
— Je vais vous expliquer.

Dans la cuisine, chez Véronique, Sylvie se prépare un sandwich au roast-beef.

Sylvie
— T'es sûre que tu veux pas manger ?

Véronique
— Aussi, si j'avais pas pris de gin tonic. Le gin tonic, ça me tombe dans les sens direct. J'en avais pris deux, ce soir-là. J'étais tellement « hot » que c'est juste si je l'ai pas déshabillé dans le taxi.

Sylvie
— Seigneur !

Véronique
— J'ai attendu d'être chez lui, aie pas peur...

Sylvie
— T'as pas pensé à prendre des précautions ? Ils en parlent assez, des condoms, partout.

Véronique
— J'étais pas partie pour coucher. Je savais pas, moi, en partant de la maison, que j'étais pour coucher... Puis je me suis retrouvée dans le lit du gars sur le petit bord de l'orgasme, j'ai pas pensé à prendre de précautions. Je te dis, c'était la première fois que je faisais l'amour avec un autre homme que Louis.

Sylvie
— C'est comme les filles de mon âge : c'est pas les courailleuses qui tombent enceintes, c'est celles qui le font une fois puis qui utilisent la pensée magique à la place des condoms. C'est qu'elles se disent : « Être enceinte, c'est pour les autres, c'est pas pour moi... »

Véronique
— T'es enceinte ?

Sylvie
— Ben non, jamais dans cent ans ! Moi, je suis de la génération de la grande peur : peur du nucléaire, peur des pluies acides, peur de l'herpès, de la chlamydia, du sida. La génération condom... condamnée à la chasteté. Aïe, j'ai tellement peur que je sors pas. Je m'enferme, puis je rêve à un prince charmant... qui couche pas ! C'est rendu tellement grave, la peur de cette maladie-là, que si un gars te drague, faut que tu t'arranges pour savoir avec qui il a couché les dix dernières années, au cas où... Tu vas me dire que dans ton temps c'était pas mieux :

«Restez-vous chez vos parents?», «Êtes-vous Vierge ou Bélier». C'était plus vite puis ça finissait dans le lit, tandis que là... ça finit plus! «Portez des condoms», qu'ils nous disent, aux jeunes. C'est bien beau, ça, mais les gars haïssent ça. Ils disent que c'est pas romantique, puis à 18 ans, si tu demandes à un gars d'utiliser des condoms, il va penser: «Elle, elle l'a, le sida.» Si lui le propose, c'est moi qui vas penser: «Il pense que j'ai le sida», «Il a mal au cœur de moi». Je te dis, il reste juste à rentrer chez les sœurs. En tout cas, si c'est ça, la libération sexuelle que t'as obtenue pour moi, je te remercie! Aïe! qu'est-ce qui va nous arriver, à nous autres, les jeunes, s'il faut risquer la mort pour faire l'amour?

Véronique, qui ne l'a pas écoutée.
— Le mieux, c'est de dire à Louis tout de suite que je l'ai trompé...

Sylvie mord dans son sandwich.
— Tu vas voir, ils vont trouver un virus dans la nourriture, pis ça, c'est tout ce qu'il me reste.

Véronique
— Tu me donnes la faim, toi...

Elle prend le roast-beef d'une main, le couteau à viande de l'autre.

Sylvie
— Moi, c'est pas ça que je trouve grave, que t'aies trompé Louis. C'est un accident, ça... Moi, c'est le bébé.

Véronique
— Je veux pas y penser, au bébé!

Sur ces mots, le couteau dérape et lui fait une coupure profonde au doigt. Sylvie lui prend la main.

Véronique
— Touche-moi pas... Mon sang est pourri.

Dans le bureau du docteur, Louis remet son veston. Le docteur lui a fait une prise de sang, et il s'apprête à partir.

Le docteur
— Dans trois semaines, je saurai si vous êtes positif ou négatif.

Louis
— Je suis positif, voyons donc ! Sans ça, comment ma femme l'aurait pris ?

Le docteur
— Le test va nous le dire. En attendant, essayez de ne pas trop vous en faire.

Louis
— Facile à dire.

Le docteur
— Et je compte sur vous pour discuter avec votre femme du cas... du bébé.

Louis
— Oui...

Il se lève, se retourne, se rassoit.

Le docteur
— Je vous revois dans trois semaines ?

Louis
— Moi, une maladie de fifi ! Moi ! Veux-tu bien me dire qu'est-ce que j'ai fait pour avoir ça !

Le docteur
— Puis attention au voyage à Québec. Je veux dire... l'amour, faites-le ou faites-le pas, mais si vous le faites, protégez-vous. Il y a les condoms.

Louis
— Aïe ! je suis pas fou.

Il sort. Le docteur reste pensif, puis il se lève et se fait une prise de sang.

À minuit, dans la chambre, Véronique dort dans les bras de Sylvie. Elle a un pansement sur un doigt. Sylvie la regarde, songeuse.

Dans le salon, la porte d'entrée s'ouvre. Louis entre, il enlève son manteau, va à la chambre, aperçoit les deux sœurs, retourne au salon et ouvre le divan-lit. Sylvie, que la présence de Louis a réveillée, le rejoint au salon.

Sylvie
— J'ai réchauffé ta place. Elle dort. Réveille-la pas. Ah oui, elle s'est coupée avec le couteau à viande.

Louis
— Ah non !

Sylvie
— C'est un accident, je te le jure. C'est rien, elle a juste une grosse catin. Bonne nuit.

Louis
— Bonne nuit !

Sylvie
— Louis... je serais peut-être mieux de vous laisser seuls...

Louis
— Je pars demain pour une semaine. Reste avec elle, O.K. ?

Sylvie
— O.K.

Louis entre dans la chambre. Véronique est assise dans le lit.

Louis
— Je pensais que tu dormais...

Véronique
— Puis ? T'as vu mon docteur ?

Louis
— Oui. Je sais pas quoi penser, quoi dire...

Véronique
— C'est épouvantable, hein ?

Louis
— Oui. Tout ce que je peux te dire, c'est que je t'aime, que t'es mon grand amour, le seul que j'ai eu vraiment, et que je sais pas ce qui m'a pris, et que...

Véronique ne l'écoute pas.
— Faut que je te parle, Louis. Sérieusement.

Louis
— Laisse-moi parler, c'est assez difficile...

Véronique
— Non, laisse-moi parler, faut que tu saches...

Louis
— Non, moi ! Avoir su que je pouvais te donner ça, le sida, jamais, m'entends-tu, jamais j'aurais couché avec des filles en voyage. Mais le sida, c'était pour les autres, c'était pas pour moi. Chaque fois que je voyais un article sur ça, je passais par-dessus, tant ça me concernait pas.

Véronique
— Qu'est-ce que tu me dis là ?

Louis
— C'est moi qui t'ai infectée.

Véronique
— T'as le sida, toi ?

Louis
— Je l'ai puis je l'ai pas. Je suis pas malade mais j'ai dû l'attraper puis te le passer. Sans ça, comment tu l'aurais pris ?

Véronique
— Tu me trompes ?

Louis
— Non, non, pas vraiment... Des passades, en voyage, loin, pas longtemps, même pas une heure, pour tuer le temps. Je sais même pas leur nom de famille.

Véronique
— C'est toi qui...

Louis
— Je te demande pardon...

Véronique
— C'est toi...

Louis
— Pardon !

Trois semaines plus tard, Véronique et Louis sont assis dans le bureau du docteur Dumais.

Le docteur
— Et alors, vous avez réfléchi, pour le bébé ?

Louis
— Oui, j'ai beaucoup réfléchi.

Véronique
— Moi aussi, j'ai réfléchi de mon bord.

Louis
— Puis on a pensé la même chose : ce serait criminel de notre part de mettre au monde un enfant qui risque d'avoir cette maladie de fou-là.

Véronique
— Je vais me faire avorter.

Le docteur
— Vous y avez bien pensé ?

Véronique
— Moi, je suis une fille terre à terre. J'ai pensé : s'il vit, il va peut-être être porteur du virus, donc contagieux. Avec qui il va jouer ? Il va-tu être accepté à l'école ? Qu'est-ce qu'il va devenir plus tard, repoussé par tout le monde ? Puis est-ce qu'on va être là pour en prendre soin, de cet enfant-là... ?

Louis
— On veut pas risquer de mettre au monde un orphelin.

Le docteur
— Je respecte votre décision. Bon, je vais vous réserver une place à l'hôpital le plus tôt possible.

Louis
— Véronique et moi, on s'est dit... on s'est tout dit, c'est-à-dire... je lui ai tout dit, puis elle m'a pardonné. On s'est mariés pour le meilleur et pour le pire. Le meilleur, on l'a eu : cinq belles années d'amour malgré mes petits écarts. Là, on va faire en sorte qu'il y ait du bon dans le pire. J'ai demandé à ma compagnie de ne plus voyager... Ça a l'air que ça va marcher. Véronique veut continuer à la maternelle, elle...

Véronique
— Au moins, si j'ai pas d'enfants, j'aurai ceux des autres... À moins qu'il y ait du danger pour la contagion ?

Le docteur
— Le virus du sida se transmet par le sang et le sperme et les seringues. Il survit mal à l'air libre.

L'eau de javel, l'alcool à friction, les détergents, la chaleur, ça le détruit. Il peut pas se transmettre par les baisers, les poignées de main, par la piscine, par les moustiques, par les sièges de toilette. Il se transmet par voie sanguine ou par le sperme : drogue, sexe, sang. Autrement, il n'y a pas de danger.

Véronique
— Je vais faire attention pareil.

Louis
— Euh, docteur, euh, entre nous, entre Véronique et moi, il y à pas de danger, étant donné que c'est moi qui... qu'on est tous les deux positifs...

Le docteur
— Justement, à ce propos-là... j'ai eu le résultat de votre test.

Louis
— Oui... ?

Le docteur
— Eh bien, votre test est... négatif.

Louis
— Ça se peut pas.

Le docteur
— Négatif... Vous n'avez pas été en contact avec le virus. Vous n'avez pas d'anticorps. Donc, vous n'êtes pas porteur.

Louis
— Vous êtes sûr de ça, vous là ?

Le docteur
— Oui.

Louis réfléchit puis comprend.
— Ça veut dire quoi, ça ? Si je suis négatif, j'ai pas pu t'infecter ! Si je t'ai pas infectée, qui c'est qui t'a...

Le docteur
— C'est pas important pour la médecine, ça.

Louis
— C'est important pour moi! Je suis le mari, moi. Je suis pas un médecin, moi, je suis le mari.

Le docteur
— C'est peut-être pas la place ici pour... régler vos...

Louis
— On n'en est pas à se chercher une place pour se faire mal. C'est qui? Puis sors-moi pas que tu l'as pris sur le siège des toilettes! Le docteur m'a dit que ça se passe pas de même.

Le docteur se sent de trop.
— Je... m'absente...

Véronique, véhémente.
— Louis Charbonneau, qui es-tu, hein? Qui es-tu pour me demander des comptes? Toi qui te payes des putains! Ça vaut de l'argent, ça, hein! de pas avoir à faire jouir une femme, hein! Espèce de... d'éjaculateur précoce!

Louis
— Véronique Rondeau, c'est pas en m'insultant que tu vas t'éviter de me dire qui t'a donné cette saloperie-là... Tu me trompes, toi, sainte nitouche de frigide! «Je suis vierge, fais attention.» Ça arrive vierge au mariage, je comprends! T'haïs ça, le sexe!

Véronique
— Je t'ai trompé une fois, une seule fois, parce que tu me laisses toujours toute seule... puis pour voir s'il y en avait un qui me ferait jouir. Ben, j'ai joui! *Elle fond en larmes.*

Louis s'approche d'elle.
— Quel gâchis, quel maudit gâchis.

Et ils pleurent dans les bras l'un de l'autre.

Plus tard, chez Louis et Véronique, un dimanche après-midi, Louis écoute les sports à la télévision, un verre de bière à la main, pendant qu'à la cuisine Sylvie et Véronique préparent le brunch.

Sylvie
— Je vais retourner par chez nous. Je me sens de trop, puis il est temps que je me trouve une job.

Véronique
— Une chance que t'es là, ça serait assez plate. Louis puis moi, on se voit pas le jour. Le soir, il prend assez de bière qu'il tombe endormi devant la télévision. La nuit, il ronfle, le plus loin possible de moi. Le matin, il est levé avant moi, il part. Je l'écœure, ça doit. Il a raison, remarque. Je l'ai trompé!

Sylvie
— Arrête-moi ça! T'as fait la même chose que lui. T'as été malchanceuse, toi, c'est tout.

Véronique
— Aïe! condamnée à mort par malchance!

Sylvie
— Sais-tu, je pensais... Le gars, celui avec qui t'as couché, il court encore, lui, il contamine d'autres filles, puis on le laisse faire.

Véronique
— Qu'est-ce que tu veux qu'on fasse? Je suis toujours bien pas pour le faire arrêter par la police pour contamination.

Sylvie
— Tu pourrais lui dire au moins que t'as attrapé ça de lui.

Véronique
— Ça se fait pas, voyons.

Sylvie
— Ça se fait-tu de ne pas utiliser de condom quand on a le sida, franchement !

Véronique
— Il le sait pas, tu sais bien.

Sylvie
— Raison de plus pour le lui dire.

Véronique
— Je sais pas...

Sylvie
— S'il le sait, c'est un écœurant d'avoir pris le risque de le donner. S'il le sait pas, tu le lui dis et tu sauves la vie à des dizaines, peut-être des centaines de personnes...

Véronique, qui a entendu des voix dans le salon.
— Écoute donc...

Sylvie
— Ah non ! Pas papa puis maman ! Ah non !

Véronique
— Qu'est-ce qu'ils viennent faire en ville ?

Sylvie
— Je le sais pas...

Véronique va rejoindre ses parents au salon.

Sylvie reste seule.
— Catastrophe ! *Et elle les rejoint.*

Dans le salon, Louis a pris les manteaux de ses beaux-parents, Omer et Janine.

Louis
— C'est de la grande visite, de la belle visite.

Omer, qui enlève les bottes de sa femme.
— Aïe ! je suis pas venu à Montréal depuis...
belle lurette.

Janine, à Louis.
— À ton mariage, il y a cinq ans... Omer, arrête
de tatillonner puis tire, tu me donnes chaud !

Véronique, très accueillante.
— Maman... Papa ? C'est de la visite rare, de la
belle visite !

Sylvie
— Ils s'ennuient de leur petite Sylvie ! C'est ça,
hein ? Vous êtes venus me chercher ! J'aurais pu
prendre l'autobus.

*Janine, enfin débottée, sort ses souliers de son sac,
enfile ses chaussures.*

Janine
— On est venus voir la petite maman puis le
petit papa ! Félicitations pour le bébé ! Merci,
ma fille, c'est un beau cadeau que tu nous fais, à
ton père puis à moi.

Omer, à Louis.
— Félicitations, mon garçon ! On commençait à
douter de toi, là... Cinq ans, pas d'enfants. Tu
me fais un gars, j'espère ?

Louis, mal à l'aise.
— Euh !... on sait pas, là...

Janine
— Quand Sylvie nous a téléphoné pour nous
annoncer la grande nouvelle...

Véronique, faussement surprise.
— Ah ! c'est elle.

Sylvie baisse les yeux.

Janine

— J'ai dit à ton père : « Ils nous font une surprise, on va leur en faire une : on va aller les voir. »

Véronique, tout bas, à Sylvie.

— Je t'avais dit de pas en parler.

Sylvie, bas, à Véronique

— J'ai pas pu m'en empêcher. Je suis commère, tu le sais.

Janine

— Je comprends que t'aies voulu attendre un peu pour en parler ; j'ai été mère, moi aussi. Mais à matin, je tenais plus en place. J'ai dit à Omer : « Omer, c'est toujours moi qui te fais plaisir, là c'est à ton tour... »

Omer

— Comment ça, c'est toujours toi qui me fait plaisir ? Je lui ai planté cet automne, pour l'été prochain, des rosiers miniatures qui sentent les framboises, tu sais bien...

Janine

— Ça faisait dix ans que j'y demandais !

Omer

— C'est toujours elle qui me fait plaisir ! Quand ça ?

Janine

— Tu le sais très bien...

Omer

— Il y a le plaisir puis le devoir ! Faut pas mêler ça, sa vieille.

Véronique, pour faire diversion.

— Eh bien, moi, ça me fait plaisir de vous voir. Assoyez-vous.

Louis

— Prendriez-vous quelque chose de fort, Monsieur Charbonneau, avant le brunch ?

Janine
— Moi, je vais en prendre.

Omer
— Donnes-y rien de plus fort que du vin, elle a des chaleurs.

Janine
— J'ai assez de les avoir sans que t'en parles !

Louis
— Un petit vin puis un gros gin ?

Omer
— Je vais aller t'aider.

Et ils fuient à la cuisine.

Janine
— Aïe ! je suis assez excitée ! C'est pour quand ? Attends... Mars, avril, mai... novembre : un Capricorne ! C'est un beau signe, ça, le Capricorne. Veux-tu une fille ou un garçon ? Moi, j'ai été tellement contente d'avoir des filles, quoique je me demande si on est pas mieux homme dans la vie... Enfin, du moment que ce sera un enfant en santé. C'est ça que je me disais quand je vous portais : « Du moment qu'ils auront la santé... » Mon Dieu que tu as l'air bien ! Mais t'as l'air tellement bien, là, je vois pas, là, à moins que tu me caches quelque chose, pourquoi t'as pas pris le téléphone comme toute fille normale pour apprendre à ta mère la nouvelle, qu'il a fallu que ce soit Sylvie...

Véronique l'interrompt.
— Maman... C'est pour ça que je voulais pas te le dire tout de suite, pour pas que tu partes en peur. Je suis très bien... Il y a pas de quoi t'inquiéter ni de quoi faire des drames.

Janine
— Je fais des drames, moi, quand il y a tant de maladies qui courent... ? En parlant de maladie,

j'ai des nouveaux remèdes. *Elle fouille dans son sac à main.*

Pendant ce temps...

Véronique, tout bas, à Sylvie.
— Lui as-tu dit ?

Sylvie lui fait signe qu'elle n'a rien dit à propos du sida.

Janine qui avale un comprimé.
— La fille d'Henriette, tu sais bien, la maison blanche avec de la dentelle, elle a eu une maladie enceinte, je te mens pas, elle a failli y rester...

Et pendant que Janine parle, parle, parle, Louis, dans la cuisine, remplit les verres.

Omer
— Aïe !... tu peux pas croire le plaisir que tu me fais en me faisant un petit-fils. Je vais y garder la terre. Je vais y laisser. Sylvie, elle ne veut pas, vous autres non plus. C'est lui qui va l'avoir. Je vais aller chez le notaire, puis...

Louis
— C'est pas un peu prématuré, Monsieur Rondeau ?

Omer
— Si c'est une fille, eh bien... tu te reprendras, hein ! mon gars... Il y a pas juste un coup dans un bon fusil, hein ! mon gars ?

Louis sourit... jaune, et, suivi d'Omer, retrouve les femmes au salon.

Janine, qui n'a même pas repris son souffle.
— Ça fait que dès que j'ai su que t'étais enceinte, la peur m'a pris. Ce bébé-là, c'est pas

« un » bébé, c'est « notre » bébé, faut y faire bien attention...

Véronique
— Il y en aura pas de bébé, maman. Je me fais avorter.

Louis
— Véronique, tais-toi !

Véronique
— Puis si je me fais avorter, c'est pour pas que mon bébé ait le sida... parce que moi je l'ai et je peux lui donner !

Louis
— Véronique, qu'est-ce que tu fais là... !

Omer, qui n'a pas bien compris.
— Le quoi ?

Janine, qui a peur de comprendre.
— Le sida !

Véronique
— J'ai le sida !

Et elle éclate en pleurs.

Dans le salon, quelques semaines plus tard.

Véronique
— La tête me tourne !

Louis
— Le docteur a dit de t'étendre !

Véronique
— Je suis correcte.

Louis
— Tu te couches, puis je reste à côté de toi.

Véronique va s'asseoir au salon.

Louis
— Dans ton lit !

Véronique
— Ici.

Louis s'agenouille devant elle.

Véronique
— L'as-tu vu, le bébé ?

Louis
— Non. J'ai même pas voulu savoir si c'était une fille ou un garçon.

Véronique
— C'est pas facile, renoncer à l'amour d'un enfant. Et c'est à l'amour qu'on renonce, en avortant.

Louis
— Je suis là.

Véronique
— Tu m'aimes plus.

Louis
— Dis pas ça...

Véronique
— J'ai tout perdu : mon enfant, toi... et bientôt ce sera la vie...

Louis
— Tu m'as pas perdu, je suis là.

Véronique
— Je t'ai trompé.

Louis
— Moi aussi.

Véronique
— Oui, mais toi t'as pas été malchanceux.

Louis
— Des fois, j'aimerais mieux l'avoir, le virus, moi aussi. Comme ça, on serait deux...

Véronique
— Dis pas ça...

Louis
— Je t'aime.

Véronique
— Dis-le encore, que je m'accroche à ce mot-là.

Louis
— Je t'aime.

Louis
— La maladie... cette maladie-là va rien changer entre nous, tu vas voir.

Véronique vient pour l'embrasser, il se dégage.

Louis
— Ah ! ta mère a téléphoné ! T'aurais jamais dû lui dire. Elle est hystérique. Je te dis qu'elle prend mal ça.

Véronique
— Je la comprends... Papa, lui ?

Louis
— Il a dit à Sylvie, qui me l'a répété : « La fidélité, dans le mariage, c'est peut-être plate, mais au moins on n'attrape pas de maladies. »

Véronique
— Pauvres parents... Ils pensaient jamais que leur bâton de vieillesse serait un bâton rongé par le sida. Au moins, si j'avais eu un bon cancer, ils m'auraient plainte, entourée. Là, ils ont peur de moi. Si t'avais vu maman m'enlever la râpe à fromage des mains.

Louis
— Elle a pas fait ça ?

Véronique
— C'est pas pire que toi ! T'as caché ta brosse à dents.

Louis
— Je l'ai perdue.

Véronique
— Tu l'as cachée ! Je l'ai trouvée.

Louis
— Ah !

Véronique
— Hier, à l'hôpital, je mangeais une pomme. Avant, t'aurais croqué dedans, là...

Louis
— J'avais pas faim.

Véronique
— Tu m'embrasses plus...

Louis
— Moi ?... Tout le temps !

Véronique
— À côté de la bouche, oui.

Louis
— Faut que tu comprennes, Véronique : je suis négatif, t'es positive...

Véronique
— Je comprends... Et tu dis que la maladie doit rien changer entre nous... Ça fait combien de temps qu'on n'a pas fait l'amour ?

Louis
— Ça va revenir... Laisse-moi le temps.

Véronique
— Même si tu voulais, moi je voudrais pas. Je suis un cadeau piégé. Je me donnerai plus jamais à personne.

Louis lui embrasse les mains. Véronique pleure doucement.

Quelques semaines plus tard, Véronique est assise dans le corridor d'une maison à appartements du centre-ville. Un jeune homme, clés à la main, l'aperçoit.

Philippe
— Allô ! Chantal ! Non ! Danielle !

Véronique
— Véronique.

Philippe
— Ben oui, Véronique, c'est vrai ! Je peux pas oublier ça. Aïe, Véronique, qu'est-ce que tu fais ici ? Habites-tu l'édifice ? Aïe ! ce serait trop drôle. Remarque que ce serait cool...

Véronique se lève, va vers lui.
— Je veux te parler.

Philippe sent la soupe chaude.
— Oui, oui, certain. Il est pas mal tard... *Il regarde sa montre.* Pas deux heures du matin ! Aïe... moi qui travaille à neuf heures demain matin. On pourrait dîner ensemble demain midi ?

Véronique
— Je peux pas attendre à demain.

Philippe s'adosse au mur.
— O.K., vas-y... Fais ça vite.

Véronique
— Ça va être court. J'ai le sida.

Philippe recule.

Véronique
— Et c'est toi qui me l'as donné.

Philippe la fait entrer dans l'appartement.
— Qu'est-ce que tu me chantes là, toi là ? Elle est bonne, celle-là !

Véronique
— Je suis juste venue te dire que tu m'as donné le virus du sida.

Philippe
— Elle est bonne, celle-là. C'est la nouvelle mode, poursuivre les gars chez eux pour les accuser de leur avoir donné le sida? À moins que tu veuilles me faire chanter? No way! Une fille qui couche avec le premier venu, elle a couché avec combien d'autres? Quand tu tombes dans un essaim d'abeilles, va donc voir celle qui te pique. Aïe! si j'avais écouté les filles, je serais le père d'une dizaine d'enfants. Elle est forte, celle-là!

Véronique
— Je viens juste te dire que si tu m'as passé le virus, c'est que tu l'as, et que si tu l'as, tu peux le passer à d'autres filles. Je viens pas pour moi, je viens pour elles.

Philippe
— Aïe! je comprends pas, moi là, de quoi tu parles

Véronique
— Je viens juste faire appel à ton sens de la justice, de l'honnêteté. T'as pas le droit de propager une maladie qui tue.

Philippe crie presque.
— Ça fera, là, c'est assez, là... Bonsoir, là...

Véronique
— Je suis sûre que tu as le virus puisque tu me l'as donné.

Philippe
— Pis... pis après?

Véronique
— Tu le sais que tu l'as?

Philippe
— Oui... puis après?

Véronique
— Le savais-tu... quand...

Philippe
— Je le savais, oui !

Véronique
— Ah !...

Elle fonce dessus, le frappe.

Philippe se dégage du mieux qu'il peut.
— Arrête ! Arrête !

Véronique le poursuit, le frappe.
— Salaud ! Écœurant !

Philippe la maîtrise.
— Arrête !

Véronique est abattue.
— J'espérais que tu me dises : « Je le savais pas... Avoir su, tu sais bien que j'aurais pas couché avec toi. »

Philippe
— Qu'est-ce qu'un gars de 28 ans fait, tu penses, quand on lui dit qu'il a le sida ? Il s'assoit puis il attend la mort. Pas moi ! Moi, je suis un gars qui aime la vie, ça fait que j'ai misé sur la vie. Ah ! si la science était sûre que je meure dans deux ans, je me jetterais à genoux puis je prierais. Mais ils le savent pas. Ils savent rien. Ils savent pas, quand on a le virus, si on va avoir le sida ou pas, si on est contagieux ou pas. Ils savent rien. Ça fait que j'ai décidé de ne pas perdre ma jeunesse à attendre des certitudes. J'ai décidé de vivre comme si le sida était pas là.

Véronique
— T'as pas le droit de faire ça... Ça existe, puis ça tue.

Philippe
— Toi, tu mises sur la malchance. Moi, je mise sur la chance.

Véronique
— T'avais pas le droit de pas mettre de condom ce soir-là.

Philippe
— Toi, t'as pas le droit de venir me faire la morale. Une fille qui couche avec n'importe qui !

Véronique
— C'était la première fois que je trompais mon mari.

Philippe
— Elles disent toutes ça !

Véronique
— T'es un salaud !

Philippe
— C'est pas moi qui demande aux filles de coucher avec moi, c'est elles... C'est vrai, c'est toi qui me l'as demandé... avec tes yeux, ta bouche, ton corps. Puis, à part de ça, t'aurais pu l'exiger, le condom, en avoir un avec avec toi.

Véronique
— Une femme fidèle se promène pas avec des condoms dans sa sacoche, tu sauras !

Philippe s'est radouci.
— Écoute, je veux bien croire tout ce que tu me racontes, mais le virus, il se transmet pas comme ça... par une relation sexuelle normale, tu sais ce que je veux dire, « straight ».

Véronique
— Le docteur a dit que quand on fait l'amour, le virus peut se transmettre même dans une relation « straight »... Il y a eu contact sang et sperme. C'est ce qu'il m'a dit.

Philippe
— Ah ! si tu saignais... C'est pas juste de ma faute.

Véronique
— Mais t'as pas l'air de te rendre compte... C'est grave, infecter quelqu'un qui peut en infecter d'autres. C'est ça qui fait les épidémies.

Philippe
— Tout le fun sur la terre, c'est un risque... T'aurais pu te faire tuer par une automobile en sortant d'ici ce soir-là...

Véronique
— Écoute : t'as tué mon enfant.

Philippe
— Aïe ! Wo là... !

Véronique
— Un mois après notre rencontre, j'ai arrêté la pilule, je suis devenue enceinte de mon mari. J'ai dû me faire avorter à cause du sida.

Philippe
— O.K., je suis un écœurant, O.K., mais celui qui me l'a donné, hein ? Il baise encore, puis pas une fois par semaine ! Tous les jours !

Véronique
— T'es homosexuel ?

Philippe
— Non, non. Je suis aux femmes. Mais il m'arrive de me payer un petit gars, pour le changement, pour le « kick », pas souvent. Je suis pas tout seul. Demande-leur, à ces petits gars-là ; leur clientèle, c'est des gars « straight » qui aiment le « kick ». Eh bien ! j'ai essayé de le retrouver pour lui dire qu'il m'avait passé une saloperie... Il est parti travailler en Ontario... C'est plus payant...

Véronique
— Mais c'est effrayant ! Si le monde qui a le sida se protège pas, ça va être épouvantable !

Philippe est triste soudain.
— C'est tellement injuste que j'aie ça, moi ! J'ai juste 28 ans, moi. Je commence ma vie, je veux

pas mourir. Cette idée-là, la mort, je peux pas supporter ça, ça fait que je la prends puis je la renfonce bien loin en dedans, puis je fais comme si j'étais comme avant... Sans ça... sans ça... je suis aussi bien de me jeter en bas du pont Jacques-Cartier.

Véronique
— Je sais ce que tu veux dire.

Philippe
— Je peux pas accepter ça, que je vais mourir. Pas moi. Je veux pas.

Véronique
— Je comprends.

Philippe
— Aïe ! écoute, je te demande pardon. Je peux-tu faire quelque chose pour toi ? As-tu besoin de quelque chose ? De l'argent ?

Véronique est insultée.
— Ben non...

Philippe s'approche d'elle.
— On va coucher ensemble, veux-tu ? Faire l'amour, c'est lutter contre la mort.

Véronique
— Es-tu fou, toi !

Philippe essaie une blague.
— Deux positifs ensemble, ça peut pas être négatif, hein ?

Véronique, horrifiée.
— Non !

Elle s'en va.

Philippe
— Laisse-moi pas... Reste... J'ai tellement peur.

Véronique le regarde et sort.

Philippe
— Merde ! Merde ! Merde !

Quelques semaines plus tard, à la maternelle. Un enfant veut embrasser Véronique à tout prix.

L'enfant
— Un bec... Un bec... Un petit bec...

Véronique le repousse.
— Je peux pas te donner un bec, j'ai la grippe.

Plus tard, chez Véronique et Louis. C'est le soir. Ils sont assis tous les deux sur le divan, ils regardent la télévision. Un film d'amour. Elle est en robe de chambre, lui en robe de bain. Ils fument un joint.

Louis
— T'es bien ?

Véronique
— Oui.

Louis lui caresse une jambe.

Véronique
— Je suis bien.

Louis
— Je t'aime.

Véronique
— Moi aussi.

Ils se caressent doucement.

Louis s'étend sur elle, ouvre sa robe de bain. Il est plein de désir, il la caresse encore, et, juste comme il la pénètre...

Véronique
— Non !

Louis
— Come on, baby !

Il la reprend.

Véronique
— Non !

Louis
— Oui ! Come on, don't be fussy.

Véronique se dégage.
— Non. Tu veux attraper le sida ? C'est ça que tu veux ?

Louis
— Je te veux, toi. Come on.

Véronique
— Non... Laisse-moi.

Elle le repousse et regarde la télévision.

Louis, plein de désir.
— Je peux mettre un condom, j'en ai acheté. Deux, si tu veux : un par-dessus l'autre. Il y a pas de danger, avec ça... Veux-tu... ?

Véronique
— Non, je veux pas. Puis je peux pas ! Je m'excuse.

Louis s'assoit à côté d'elle.
— Véronique, maudite affaire, je suis pas en bois ! Ça fait six mois que je t'ai pas touchée. C'est pas une vie, ça !

Véronique
— Je suis pas capable.

Louis
— T'es capable certain ! T'as même plus de fièvre, tes ganglions sont désenflés, t'es bien... T'es comme avant...

Véronique
— C'est dans la tête. Je me regarde dans le miroir : je me vois verte. Je me sens pleine de pus. Je me regarde les veines des poignets : je suis sûre, si je les ouvrais avec une lame de rasoir, mon sang serait vert. Je suis pourrie, ma salive est pourrie, tout ce qui sort de mon corps est pourri. Pour faire l'amour, il faut aimer son corps autant que le corps de l'autre, puis moi, mon corps m'écœure.

Louis
— Tout à coup tu l'es pas, contagieuse ? Tout à coup tu l'as pas, le virus ?

Véronique
— On le sait pas.

Louis
— Qu'est-ce que je vais faire, là ? Qu'est-ce que je vais devenir, moi là ?

Véronique
— Je vais m'en aller.

Louis
— Non... non...

Véronique
— Je vais te rendre ta liberté.

Un mois plus tard, dans le bureau du docteur Dumais.

Véronique
— J'ai donné ma démission à la maternelle. Je sais qu'il y a pas de danger de contagion, mais moi, si je peux pas me donner à cent pour cent aux enfants, j'aime mieux me retirer.

Le docteur
— Qu'est-ce que tu vas faire ? Faut que tu gagnes ta vie !

Véronique
— Mon mari va me payer une pension, je vais vivre avec ça. Il a été très gentil.

Le docteur
— C'est lui qui a demandé le divorce ?

Véronique
— Non, c'est moi. Il veut des enfants, je peux pas lui en donner. Il veut coucher avec moi, je peux pas... Je suis pas capable.

Le docteur
— T'es en train de faire le vide autour de toi.

Véronique
— Quand t'as le virus du sida, t'es seule de toute façon ; quand t'es femme et que t'as le sida, t'es une minorité dans une minorité, il y a pas plus seule.

Le docteur
— T'es pas toute seule, il y en a d'autres comme toi. Je me suis informé. Il y a des groupes, des femmes atteintes du sida.

Véronique
— Je suis pas toute seule ?

Le docteur
— Non. Il y a dix hommes pour une femme, c'est trop déjà... puis si les femmes se protègent pas, il va y en avoir de plus en plus...

Plusieurs mois plus tard, Véronique se retrouve dans le corridor de l'appartement de Philippe. Elle ouvre la porte. L'appartement est dans le noir.

Louis, Sylvie, Philippe.
— Bonne fête, Véronique !

Véronique, surprise.
— Ah ! vous êtes fous... Ah ! la décoration... Ah !... de la bouffe, du vin, un gâteau... Ah !... toi,

Sylvie... Elle m'avait dit qu'elle travaillait ce soir.
Puis toi, Philippe, tu devais aller à une réunion
de personnes atteintes... Puis toi, Louis... Ça y
est, je vais pleurer !

Tous
— Non, non, non... Faut pas pleurer, c'est ta
fête !

Véronique
— C'est parce que ça me fait tellement plaisir !
Ah, que je suis contente ! Ah ! *À Louis et à
Philippe :* Ah !... on vous a présentés ?

Sylvie
— Oui, oui, puis j'ai dit à Louis que Philippe
nous avait passé son appartement pour l'été, puis
qu'il est tombé malade, puis que finalement on
a déménagé avec lui, et qu'on vit ensemble tous
les trois.

Louis regarde Philippe.

Sylvie
— Il a un cancer du poumon.

Philippe
— Tu sais bien, Sylvie, c'est pas un cancer du
poumon que j'ai... J'ai le sida. Ça fait qu'entre
nous autres on s'entraide, hein ! Véronique !

Sylvie
— Puis moi, je suis leur rayon de soleil, qu'ils
disent.

Véronique
— Assoyez-vous. Puis moi qui m'étais acheté une
rose puis quatre chocolats... belges pour me fêter
ce soir... *À Sylvie :* C'est toi qui as eu cette idée-
là...

Sylvie
— Non...

Véronique, à Philippe.
— C'est toi.

Philippe
— Non.

Véronique regarde Louis.

Louis
— Disons que c'était une façon détournée de te voir.

Véronique
— Je suis contente de te voir.

Sylvie, pour laisser seuls Véronique et Louis.
— Qui est-ce qui ouvre le mousseux ?

Philippe
— Je pense qu'il me reste encore assez de force pour ça. *Ils sortent.*

Louis
— T'as l'air bien !

Véronique
— Je suis bien. Toi aussi, t'as l'air bien.

Louis
— Ah ! moi...

Véronique
— Quoi ?

Louis
— J'aime pas ça, la job qu'ils m'ont donnée, je végète, et puis j'aime pas ça, vivre seul. Puis, bien... je m'ennuie de toi... J'ai pas cessé de t'aimer...

Véronique
— Ça me fait chaud que tu m'aimes, mais faut que je vive ma vie.

Louis
— Tu m'aimes plus ?

Véronique
— Ah non, c'est pas ça ! Je t'aime, mais tout est changé maintenant.

Louis
— T'as quelqu'un ? Pas lui, toujours ? Ce serait bien effrayant.

Véronique
— Il y a personne dans mon cœur à ta place. Il y a que j'ai le virus du sida et ça m'a fait changer. J'ai compris, Louis, que la vie, c'est tout ce que j'ai. J'ai découvert ça en pensant à ma mort. C'est drôle, hein ? Comme si c'était en frôlant la mort qu'on découvrait le goût de la vie. Ça fait que, au lieu de pleurer sur la vie que j'aurai plus si je meurs, je profite de la vie que j'ai. Puis je me gâte, je me fais plaisir, je fais attention à moi, je pense à moi ! Je m'aime. Tiens, ce matin, je me suis levée, j'étais tellement contente d'être vivante que j'ai remercié Dieu qu'il y ait un aujourd'hui, aujourd'hui. Puis demain, on verra... Je suis devenue la plus grande profiteuse de plaisirs de la vie au monde.

Louis
— Puis les plaisirs... ? Tu sais... bien... les autres plaisirs...

Véronique
— Les plaisirs sexuels, tu veux dire ?

Louis
— Oui.

Véronique
— Je suis pas juste un sexe, il y a les autres sens. Je les développe. Tiens, je suis tombée en amour avec George Sand. Aie pas peur, c'est un écrivain... femme. Là, je suis dans sa correspondance : 25 volumes. Et puis il y a la musique, et puis il y a la nourriture, et puis...

Louis
— L'amour, quand même... On peut pas vivre sans amour !

Véronique
— Je rencontre d'autres malades du sida. De l'amour, j'en donne puis j'en reçois.

Louis
— C'est pas une vie...

Véronique
— Qu'est-ce que tu veux que je fasse ? Que je meure de désespoir avant le temps ? Moi, j'ai décidé de tirer le bon du mauvais. Les roses poussent bien sur le fumier !

Louis
— Je vois pas ce que le sida peut avoir de bon.

Véronique
— Il m'a fait découvrir que ce qui est important, c'est l'instant présent, vivre l'instant présent à fond, et, à l'instant présent, j'ai le goût de boire à mes 29 ans !

Sylvie entre avec le mousseux, ils chantent tous.
— Chère Véronique, c'est à ton tour
    De te laisser parler d'amour...

Véronique chante.
— Chère Véronique, c'est à mon tour
    De me laisser parler d'amour...
    Chère Véronique, c'est à mon tour
    De me laisser parler d'amour.

Elle rit. Et, parce qu'elle rit, ils rient tous avec elle, même Philippe qui se meurt du sida.

Remerciements

L'auteur remercie le docteur Jean Robert d'avoir bien voulu relire le texte *L'Amour et le Sida* avant sa parution, afin que les informations médicales qu'il contient soient le plus exactes possible, compte tenu de l'évolution des recherches en ce domaine.

Ce livre est imprimé sur
du papier contenant plus
de 50% de papier recyclé
dont 5% de fibres recyclées.

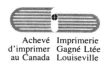

Achevé   Imprimerie
d'imprimer Gagné Ltée
au Canada Louiseville